打造品牌公益项目一本通

徐本亮 著

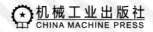

机械工业出版社
CHINA MACHINE PRESS

图书在版编目（CIP）数据

打造品牌公益项目一本通 / 徐本亮著 . -- 北京：
机械工业出版社 , 2025. 1. -- ISBN 978-7-111-77214-9

I. D632.1

中国国家版本馆 CIP 数据核字第 2025QY6354 号

机械工业出版社（北京市百万庄大街 22 号　邮政编码 100037）
策划编辑：李文静　　　　　　　　责任编辑：李文静　崔晨芳
责任校对：高凯月　马荣华　景　飞　责任印制：常天培
北京铭成印刷有限公司印刷
2025 年 1 月第 1 版第 1 次印刷
170mm×230mm · 11.5 印张 · 1 插页 · 102 千字
标准书号：ISBN 978-7-111-77214-9
定价：79.00 元

电话服务　　　　　　　　　　　网络服务
客服电话：010-88361066　　　机　工　官　网：www.cmpbook.com
　　　　　010-88379833　　　机　工　官　博：weibo.com/cmp1952
　　　　　010-68326294　　　金　书　网：www.golden-book.com
封底无防伪标均为盗版　　　机工教育服务网：www.cmpedu.com

本亮又有新作面世，可喜可贺！打造品牌公益项目，是公益慈善事业发展的关键之一。本亮基于 30 年实践与培训经验，洞察公益界刚需，深入浅出，系统阐释了公益项目开发之精髓，本书实在是公益慈善著作又一精品！

王振耀 ／北京师范大学中国公益研究院理事长、

海南亚洲公益研究院理事长

志愿服务项目化运作是志愿服务提质增效、虚功实做的有效方式。同时，志愿服务高质量发展亟须培养一大批项目管理人才。恰逢其时，志愿服务领域专家徐本亮先生出版了《打造品牌公益项目一本通》，为培养志愿服务项目管理人才提供了很好的教材和工具书，值得广大志愿服务组织和志愿者学习。

宋志强 ／中华志愿者协会会长兼秘书长

欣闻老友本亮的《打造品牌公益项目一本通》出版，喜不自禁。本亮从事公益 30 年，结合中国实际，执教德鲁克"非营利组织管理"和麦克利兰基金会"非营利组织治理"课程逾 20 年，他的课程既有理论高度，又接地气。他把凝聚心血的公益项目管理课程内容编辑出版，将令更多的公益从业者、热心公益的企业家和广大志愿者受益。开卷有益，故迫不及待推荐给大家。

徐永光　/南都公益基金会原理事长

公益项目管理能力弱，是中国公益领域长期存在的痛点。徐本亮老师的这本书对提高公益项目全程管理能力极有帮助。

王平　/友成企业家乡村发展基金会理事长

欣闻本亮老师新作《打造品牌公益项目一本通》正式出版，表示祝贺。仔细阅读这本书，深感相见恨晚，本亮老师这本书有三大特点：

第一，推动公益慈善组织重视品牌公益项目的设计，从解决问题、注重成果的视角设计公益项目，具有很强的针对性。

第二，强调品牌公益项目的打造和专业传播有助于公益慈善组织品牌建设，将复杂的项目管理体系转变为切实可行的行动计划，具有很强的可操作性。

第三，倡导品牌公益项目的示范作用，通过总结品牌公益项目从设计、计划、执行到评估的完整过程，能够产生举一反三、事半功倍的效果，具有典型的示范性。

我强烈推荐本亮老师的这本书，也希望这本书的出版能助力社会组织打造更多品牌公益项目，成为中国公益慈善发展的新亮点，为提高公益慈善组织的品牌公信力和社会影响力做出贡献。

黄浩明　／海南亚洲公益研究院执行院长、

北京师范大学中国公益研究院特聘教授

从事公益媒体报道多年来，我与徐本亮老师有过多次交集，他留给我的印象非常深刻。他足够专业，公益实践经验和公益理论素养都属上乘；他足够严谨，凡事必先认真求证，而后审慎表达"益见"；他足够勤奋，乐读万卷书，勇行万里路；他常怀平常心，抱持谦逊心，与青年为友，向青年学习。2023 年他以 75 岁高龄积极参与"华夏公益辩论赛"，高度自律，踏实备赛，向我们展现了一位公益前辈的职业素养和人文风骨，值得点赞，值得称道。

相信徐本亮老师用心撰写的这本《打造品牌公益项目一本通》，会成为众多公益组织打造品牌公益项目的入门宝典，也能帮助更多公益新人快速打通职业路径，助力公益人学有所用、用有所成。

文梅　／华夏时报社公益新闻部主任

2018 年学习了《社会组织管理精要十五讲》，我有幸与徐本亮老师结缘。他为我们协会开展的培训，使我们受益匪浅。徐老师不仅将德鲁克非营利组织管理的先进理念与我国社会组织管理的本土实际完美融合，更对自己 30 年来在公益项目实践中的宝贵经验加以提炼，编写了《打造品牌公益项目一本通》这部宝典。对于社会组织从业者而言，《打造品牌公益项目一本通》不仅是一本教科书，更是指导实践的行动指南。

朱冬青　／中国建筑防水协会秘书长

公益项目是慈善事业的生命线，它的质量直接影响到慈善事业的成败，而品牌公益项目恰恰是慈善事业高质量发展的灵魂，对引导慈善事业朝着正确方向前进起着重要的作用。本亮老师的《打造品牌公益项目一本通》理论联系实际，通俗易懂、可操作性强，值得实务工作者认真阅读，阅之必有收获！

徐家良　／上海交通大学特聘教授、
上海交通大学中国公益发展研究院院长、
民政部专家咨询委员会委员

汇丰银行与上海市慈善基金会合作 30 年，其中 10 多个慈善教育项目是徐本亮老师在上海市慈善教育培训中心任职期间设计和组织实施的。徐老师善于发现社会痛点，通过整合社会资源和不断创新，精心实施，取得成果，他有很强的专业能力、高效的公益项目管理能力。本书凝聚徐老师30年社会组织管理和公益项目管理的经验与心得，对有志于打造卓有成效的公益机构和品牌公益项目的从业者有极好的借鉴意义。

王颖　／北京汇丰公益基金会理事长

公益行业已经进入品牌竞争时代，这种竞争更多体现为公益项目之间的竞争，这就需要社会组织把公益项目做成品牌，做出影响力。因此，如何打造品牌公益项目已成为社会组织高质量发展的当务之急。本亮老师的这本书正好可以满足您的需求，帮助您的公益项目脱颖而出。

马广志　／善达网执行总编

恭喜本亮老师再出大作！本亮老师孜孜不倦地为推动中国公益慈善的进步而努力，我非常敬佩。他30年来坚持学习、践行和传播管理大师彼得·德鲁克的非营利组织管理思想，相信《打造品牌公益项目一本通》对公益行业从业者一定会大有裨益。

刘洲鸿　／腾讯公益慈善基金会副秘书长

此书系著名公益项目培训专家徐本亮老师从事公益项目实践、培训和研究30年的集大成之作。它理论联系实践，对广大社会组织及管理者从事公益项目开发、计划、组织实施以及绩效评估具有很强的指导性和操作性。

方文进 ／**上海市民政局原二级巡视员、**

上海市社会组织评估院理事长、院长

徐本亮先生写的《打造品牌公益项目一本通》，汇集了他30年公益项目管理的丰富经验与实践智慧。书中的内容贴近实际，具有很强的针对性和实用性。希望本书能成为公益项目管理者的实用指南，推动更多高质量的公益项目落地。

吕朝 ／**恩派公益创始人**

这是一本难得的用现代管理学大师德鲁克非营利组织管理思想指导中国社会组织打造品牌公益项目的著作，值得业界学习和推广。

卢咏 ／**美国王嘉廉社区医疗中心首席合作发展官、**

美中关系全国委员会前首席合作发展官、《公益筹款》作者

徐本亮老师是国内深受欢迎的公益项目管理实践者和培训师，迄今已为全国 3 500 多家社会组织做过公益项目管理的培训。本书深入浅出、通俗易懂、可操作性强，是社会组织管理者和项目人员打造品牌公益项目的教科书和工作指南。

程刚 ／**浙江工商大学英贤慈善学院院长**

运用德鲁克思想，结合 30 年的实践经验，本亮老师形成了一种关于公益项目管理的有效思维方式和一套可行的操作方法，能使公益项目满足需求、解决问题、取得成果。《打造品牌公益项目一本通》是一本理论和实际紧密结合、知行合一的精品佳作。

苗青　／浙江大学公共管理学院教授、博士生导师

徐本亮老师在公益项目管理领域有很深的造诣，他在学习、践行德鲁克管理思想的基础上，提出了很多关于公益项目管理的新观点、新方法。相信阅读本书有助于读者解决公益项目设计和管理中的痛点和难点，提高公益项目的有效性。

张祖平　／上海海洋大学新时代文明实践与

志愿服务研究中心常务副主任、教授

项目管理是公益组织的一项核心工作，决定着组织履行使命的成败。因此，在任何组织内，项目管理都是一件非常复杂并具有挑战性的工作。徐本亮老师是国内最早从事公益项目管理的专家之一，更难得的是，30 年来他一边实践操盘，一边授业解惑，德鲁克为体，中国特色为用，相得益彰，直至凝练成书，值得祝贺和推荐！

陈一梅　／北京沃启公益基金会副理事长

徐本亮先生是中国公益慈善界"神奇的存在"。他既是虔诚的德鲁克思想传播者，76岁高龄仍精神抖擞，常年在祖国各地授课、提供咨询服务，有效推动公益事业的发展；也是高产的写作者，仅我案头就摆放着好几部他的著作，我时常翻阅，受益匪浅。他的新作《打造品牌公益项目一本通》针对中国社会组织项目质量不高和缺乏项目管理人才的现状，结合其30年实战经验及德鲁克非营利组织管理思想，以案说理，深入浅出，有很强的针对性和指导作用，值得一读。

陆波 ／北京师范大学中国公益研究院

递爱福家族传承办公室秘书长、

公益慈善咨询顾问、非营利组织管理博士

我和本亮是40多年的好朋友，我认为他是中国公益界具有强烈创新和创业精神的德鲁克思想的践行者和传播者。他把德鲁克非营利组织管理思想应用于公益项目的管理，在本书中，结合大量成功案例，系统阐述了如何打造品牌公益项目。本书的出版有助于提高社会组织的公益项目管理有效性和组织生存能力。

谢家琛 ／南京工业大学浦江学院公益慈善管理学院教授

前言

本书写作缘起和特点

中国现在有将近 90 万家社会组织，总体来讲还是刚刚起步。中国社会组织发展现在的主要瓶颈之一是人才短缺，而公益项目管理人才短缺尤为突出。公益项目是社会组织产品和服务的载体，社会组织要有竞争优势靠公益项目，完成使命、满足客户需求靠公益项目，筹措资金靠公益项目，但恰恰现在公益项目管理人才严重短缺，直接让社会组织的服务成效大打折扣，阻碍了社会组织的健康持续发展。

要想培养公益项目管理人才，需要有高质量的公益项目管理的教材和专著。但是目前市场上讲项目管理的图书大部分讲的是商业领域的项目管理，关于公益项目管理的图书很少，而且质量也不高。有些公益项目管理的教材偏重于理论和学术，通篇是对概念的诠释，有骨架但没有血肉，读者很难学以致用；有些书照抄照搬商业项目管理的知识和案例，脱离实际、不接地气；甚至有些书错误很多，误导读者。本人作为一个从事公益项目管理 30 年的公益人，有责任针对中国社会组织的实际情况和痛点写一本深入浅出、通俗易懂，具有可读性、可操作性，便于普及推广的公益项目管理著作。

《打造品牌公益项目一本通》有以下几个特点：

第一，它基于德鲁克非营利组织管理思想，结合项目管理的一般规律和原则，揭示了社会组织公益项目管理的方向，深入浅出、通俗易懂，有很强的针对性和实用性。

第二，本人有 30 年公益项目实践经验，曾先后策划设计和组织实施了一批有社会影响力和良好社会效益的公益项目，共筹款 9600 多万元。其中"阳光下展翅——上海社区青年就业援助行动"2007 年获得中华慈善事业特殊贡献奖，2010 年被评为"青年影响社会"上海十大"最具影响力"公益项目。"共享阳光——来沪务工人员子女教育就业援助行动"被评为 2009 年度中华慈善奖"最具影响力慈善项目"。"万名农民工绿色网上行"获得 2010 年"芯世界"公益创新奖·应用奖一等奖，2013 年被评为上海市慈善基金会首届"十佳慈善公益项目"。"外来媳妇就业技能培训"获得 2011 年全国"十大女性公益品牌项目"荣誉和 2011 年中华慈善奖"最具影响力慈善项目"提名。本书中的案例都是本人亲自开发和组织实施的，本书以实际案例说理，可操作性强。

第三，本人从事"公益项目管理"培训已有 20 年。这门课程由本人自主开发，我已用它为全国 3500 多家社会组织做过培训，它有很高的社会认可度和影响力。实践证明，这门课程是能给学员带来价值的。本书就是在"公益项目管理"课程讲稿基础上写出的。它的出版可以弥补目前中国公益项目管理图书的不足。

期待本书能为提高社会组织项目管理水平、为打造更多品牌公益项目做出一点小小的贡献。

CONTENTS
——

目录

第一章

什么是公益项目

服务机构必须把彻底思考自身的使命、目标、优先事项，构建围绕成果和绩效（政策、优先事项、行动等方面）的反馈控制机制作为强制性要求。否则，服务机构的绩效将越来越差。[1]156

——彼得·德鲁克

公益项目是社会组织的产品和服务的载体，对社会组织来说非常重要。满足需求、完成使命靠公益项目，筹资靠公益项目，发展机构、培育人靠公益项目。公益项目开发和实施的能力是社会组织最基本、最重要的一种能力。要想打造品牌公益项目，首先要会做公益项目。由于中国社会组织总体上讲还是刚刚起步，关于公益项目管理的书和相关培训不多，质量也不高，不少社会组织领导者和从业人员没有公益项目的概念，不知道什么是公益项目，不知道什么是公益项目成果。有的把公益项目和活动混为一谈，认为做公益项目就是办活动，活动越多越好；有的把公益项目的产出当成成果，结果看起来忙忙碌碌、轰轰烈烈，但是公益项目没有成效。

美国项目管理协会的《项目管理知识体系指南》（第7版）对项目的定义是：为创造独特的产品、服务或成果而进行的临时性工作。这个定义强调了项目的目的性、独特性、时效性，即要在规定的时间、预算和资源限制下，提供符合要求的产品、服务或成果。

综上所述，公益项目是指以提高社会效益为宗旨的一系列相互联系并相互作用的、为实现一个或几个特定目标的、有一定经费预算的、在特定的期限内开展的活动或工作。

公益项目和公益活动最大的区别在于公益项目一定要有目标、有成果。为了实现公益项目目标，需要开展一系列的活动，并提供服务。公益项目包含活动，但活动不是目的，而是实现公益项目目标的手段。公益项目需要经费，有一定的预算要求。公益项目有周期要求，比如一年或者 10 个月，公益项目目标就要在这个周期内达成。一个公益项目不是简单做几个活动，或者活动越多越好，而是首先要有目标。我们千万不能把公益项目当成没有目标、毫无逻辑关系的活动的堆砌。要想打造品牌公益项目，首先要知道什么是公益项目、怎么做公益项目。

一、从案例了解什么是公益项目

为了大家更好地了解什么是公益项目，我和大家分享一个我们做过的公益项目——"外来媳妇就业技能培训"。这个项目 2011 年 5 月被评为全国"十大女性公益品牌项目"，2011 年 7 月获得中华慈善奖"最具影响力项目"提名。

1995 年 1 月 13 日成立的上海市慈善教育培训中心（以下简称"中心"或"我们"）是一家专门从事慈善教育的社会服务机构，其使命是"知识扶贫、技能助强、促进发展"。公益项目的目标一定要与机构的使命一致。因此，我们非常关注社会弱势群体在教育方面的需求和问题。

2003 年年底我们在调研时发现上海有 12 万多名外来媳

妇，这个群体总体来讲学历偏低、缺乏技能，不少人没有工作，家庭比较贫困。因此，我们开发了"外来媳妇就业技能培训"这个公益项目，让外来媳妇通过培训掌握一技之长，为她们就业创造条件，改善她们的生活状况，促进社会和谐。

这个项目的服务对象是有就业愿望、有劳动能力、配偶有上海户籍、生活困难的 45 岁以下的外来媳妇。在"外来媳妇"前面加很多定语，就是为了精准界定项目的服务对象，以保证项目的有效性。

我们经过认真讨论研究，确定了这个项目的两个目标和相应的评估指标。

（1）帮助学员学习技能，掌握一技之长。评估指标：学员的考试合格率达到 100%。也就是说，她们经过培训和考试都要能够取得相关的职业技能证书。

（2）通过培训促进学员就业。评估指标：达到 50% 的就业率。

做项目是需要资源的，资源有五种：人、财、物、时间、信息。对外来媳妇开展就业技能培训，需要老师、场地、实训设施、资金等资源，光靠我们机构十几个人根本无法完成。我们借鉴了香港的经验，整合、利用社会资源来实施项目。利用多年建立的网络，我们在上海 12 个区找了 12 个认同中心使命、培训质量好、有能够促进外来媳妇就业的特色培训专业并可以达到 50% 的就业率的机构作为合作伙伴。

我们用这个项目向上海市慈善基金会提出申请，得到了 100 万元的资助。

这个项目是 2004 年 2 月正式启动的。我们举办了庄重简朴的启动仪式，邀请了上海市慈善基金会领导、上海市劳动局（现上海市人力资源和社会保障局）领导、合作伙伴领导以及媒体记者参加。举办启动仪式的目的就是要宣传，要造势，使我们的项目能得到社会更多的关心和支持。在启动仪式上我们给 12 家合作伙伴颁发"慈善教育培训基地"的铜牌，增强它们的荣誉感和责任感，激励它们做好这个项目。

这个项目是协同 12 家机构实施的，根据当时的市场需求开设了比较热门的美容美发、餐饮服务、家政服务、电子收银、房产中介、点心制作、中式烹饪等 19 个专业。为了保证质量，我们制定了规范的项目实施细则，对学员的招生、培训措施、班级管理、经费资助标准、经费结算流程等做了明确规定，严格按照项目的管理要求，规范运作。

12 家合作机构负责招生、培训、考试、学员推荐等工作。为了确保 50% 的就业率，每个机构都有专人负责学员的就业工作，采取校企合作、定向培训、就业推荐、学员自主择业等多种形式促进学员就业。

我们在整个项目的实施过程中也非常重视项目宣传工作。

第一，利用各种媒体发布项目招生信息。第二，通过各种媒体宣传项目的成果，特别是外来媳妇成功就业的典型案例。第三，利用参加各种会议的机会介绍这个项目，从而扩大了项目在社会上的影响力。

这个项目实施了 1 年，我们培训了 1200 多名外来媳妇，达到了 62% 的就业率，100 万元的经费也用完了。但是还有大量的外来媳妇需要培训，项目要持续下去，必须获得新的资金。于是我们通过上海市慈善基金会领导跟上海市劳动局领导沟通，申请政府购买服务。由于我们的项目有成果，促进了外来媳妇就业，上海市劳动局同意出资 500 万元让这个项目继续开展下去。

这个项目我们从 2004 年做到 2014 年，共 10 年，合作机构增加到 18 家，培训专业达到 20 个。上海市劳动局共购买服务 1100 万元。

项目结束要做评估，评估的目的是考察当初设定的目标是否达成。项目结束以后我们专门组织了项目评估，成立了由上海市慈善基金会领导牵头，基金会副秘书长、财务、审计、外聘专家、分会代表组成的项目评估小组。评估的环节有：①座谈交流，有项目负责人座谈会、用人单位座谈会、培训学员座谈会；②实地走访，实地走访了 2 个培训基地和 20 个学员家庭；③征求意见；④查账分析；⑤问卷调查；⑥撰写项目的评估报告。

2004～2014 年，"外来媳妇就业技能培训"项目共培训学员 20 300 人，考试合格率为 100%，就业率为 62%。项目评估证明项目的两个目标全部达到。对 1900 名学员进行了问卷调查，结果显示有 92% 的服务对象"很满意"。

这个项目的成功实施做到了"多赢"。对政府来讲，树立了关注民生的良好形象，通过解决贫困外来媳妇的就业，促进了社会的稳定与和谐。这个项目也是政府购买服务的一种有益的探索和实践。对上海市慈善基金会来讲，通过这个公益项目扩大了它的社会影响力，提高了社会知名度。对学员来讲，通过培训掌握一技之长，实现了就业，改善了家庭的经济状况。对中心和合作伙伴来讲，这个项目带来了新的服务机会，提高了它们实施公益项目的能力，特别是承接政府购买服务项目的能力。对企业来讲，这个项目满足了它们的用工需求。所以，这个项目的成功实施取得了"多赢"的效果。

二、公益项目的特点

公益项目有以下几个特点：

（1）非营利性、公益性。公益项目必须以提高社会效益为宗旨。

（2）有一个或几个明确界定的目标。公益项目的实施要能够解决一定的社会问题，能给服务对象带来改变和收益。

（3）公益项目的执行、目标的达成要借助一系列相互关联的活动和服务。活动是实现公益项目目标的手段。

（4）有具体的时间限制。公益项目有一定的周期，一般是一年，也可以是几个月或几年。

（5）一次性。公益项目做得好，可以持续获得资金支持；一旦做不好，就会失去支持。

（6）组织的开放性。公益项目可以由自己所在的社会组织实施，也可以与外部机构和人员合作，组建公益项目团队，采取虚拟组织的形式实施项目。

（7）不确定性。每个公益项目都会有一定风险，因此社会组织在设计公益项目时需要预估风险，制定应对风险的措施。

三、公益项目的作用

公益项目对社会组织，特别是对直接提供服务的社会服务机构来讲，非常重要。

第一，公益项目是完成社会组织使命的手段。社会组织的使命需要通过实施一个又一个公益项目来落实。

第二，公益项目是社会组织提质增效的有效手段。由于公益项目有目标，要给服务对象带来改变和收益，所以好的公益项目可以提高社会组织提供服务的质量和有效性。

第三，公益项目是筹资的依据。没有好的公益项目就很难筹集到资金。现在有的社会组织表面上看是资金短缺，实际上是公益项目短缺。当然，公益项目短缺的背后是人才短缺和能力短缺。一个好的公益项目，政府可以购买，社会可以提供捐赠，还可以有服务收入，对资金来源多元化非常有好处。

第四，公益项目是培养人、培养机构的有效载体。做公益项目要达成目标，难度比搞活动大得多。因为难，所以能锻炼人、培养人。社会组织招人很难，人才光靠外部招聘难以解决，关键岗位的人和骨干最终还是需要自己培养。培育人的有效途径就是做有成果的公益项目。很多优秀社会组织从小到大，不断发展，很重要的一点就是不断通过做有成果的公益项目培养出了一批稳定的中层骨干。

第五，有助于树立党和政府的良好形象。公益项目做出成果，能够更好地满足服务对象的需求，解决他们的问题，使他们有一种实实在在的获得感、幸福感。他们一定会感谢党、感谢政府，从而让党和政府的良好形象深入人心。

第六，促进社会创业。社会创业是大众创业、万众创新的重要组成部分。不管是创办社会组织还是社会企业，都是从项目开始的。公益项目有助于创业者成功地进行社会创业。

上海市慈善教育培训中心成立 30 年以来坚持项目化运作，把项目当作龙头。中心有两句话：机构围着项目转，项目围着市场转。机构围着项目转，就是机构所有人都要为项目服务。直接做项目的人要为项目的服务对象（外部客户）服务，不是直接做项目的人（机构的领导、行政人员等）要为做项目的人（内部客户）服务。项目围着市场转，就是要根据需求的变化，通过不断创新，开发新的项目来满足变化的需求。

四、公益项目管理

公益项目管理可以简单概括为 4 句话、32 个字：了解需求，确定项目；目标导向，制订计划；获取资源，精心实施；过程监测，做好评估。

用图表示的话，公益项目管理有 5 个阶段，如图 1-1 所示。

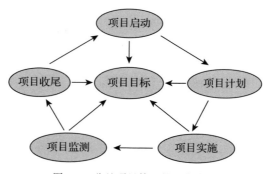

图 1-1　公益项目管理的 5 个阶段

第一，项目启动。通过需求调研产生项目的想法、创意。

第二，项目计划。以目标为导向制订项目计划书和项目预算。通过项目计划书和项目预算进行筹资，开发实施项目所需的资源。

第三，项目实施。按照计划精心实施项目。

第四，项目监测。在项目实施过程中做好项目监测，确保项目按照计划顺利实施。

第五，项目收尾。项目结束后要做好项目的绩效评估和项目财务评估，完成项目的结题报告和财务决算报告。

请大家注意，公益项目管理的每个阶段都是围绕项目目标开展的。项目目标是项目的核心，没有目标，项目就没有方向，也就没有成果，造成资源浪费。

思考题

1. 什么是公益项目？公益项目有哪些特点？

2. 公益项目有哪些作用？

3. 公益项目管理有哪些阶段？

CHAPTER 2

—

第二章

如何开发公益项目

顾客到底重视什么？对于任何一个组织来说，这可能是最重要的问题，但如今这个问题已经很少被提及了。非营利组织的管理者通常都是自己来回答这个问题，"他们重视的是我们服务的质量、我们改善社区的方式"。人们是如此确信自己在做正确的事，对工作也很有责任感，所以他们往往会把组织的存在作为自己工作的目的，认为自己工作的目的就是让这个组织继续存在下去，但这完全是一种官僚主义的做法。在完成每一件工作时，他们不会问"这样做对我们的顾客有用吗？我们这样做是否为我们的顾客创造了价值？"，而是会问"这样做是否符合我们的规矩？"。相信我，这种思维不仅会影响整个组织的表现，而且会让整个组织的愿景和意义荡然无存。[2]80

——彼得·德鲁克

一、项目成效始于设计

这里要和大家强调一个非常重要的理念——项目成效始于设计。一个项目有没有成效在很大程度上取决于项目的开发、设计。德鲁克说："过去的质量控制是在工厂，而新的质量控制则是在设计阶段。"[3]177

设计就是选择。比如，一家生产杯子的企业，在杯子生产过程中加强质量控制，生产出来的杯子质量很好。但如果市场上杯子已经供大于求，甚至不需要杯子，那杯子的质量再好也没有用。所以，重要的是先进行市场调研，了解客户真实的需求，再选择生产什么。如果客户需要的是碗，那么就要选择生产碗，并在生产过程中加强管理，保证质量。这样的碗才能卖出去，才有成效。公益项目要有质量和成效首先要做好公益项目开发、设计。如果一个项目开发、设计不好，再怎么做也不会有成效。我们一定要警惕和克服重项目实施、评估，轻项目开发、设计的倾向。

二、做项目就是做营销

需求导向是项目开发的核心。德鲁克在《非营利组织的管理》中讲到社会组织的营销战略时指出"非营利组织需要市场知识，需要制订一个长期和短期目标都明确的营销计划，即需要承担起营销责任，需要严肃认真地满足客户需求。这不是说我们知道什么东西适合他们，而是要知道什么是他们认为有价值的东西，以及如何把这些东西送到客户手中"。[4]56

德鲁克的这段话是我们开发公益项目的重要指导思想。现在有些社会组织往往通过发小奖品、小礼品来吸引服务对象。如果没有小奖品、小礼品，服务对象就不来。这里存在一个问题：我们的项目是不是服务对象需要的？为什么如果没有小奖品、小礼品，他们就不愿意参加公益项目？上文德鲁克的这段话里有两个非常重要的概念：一个是营销，一个是客户。开发项目一定要有营销的概念、客户的概念。

德鲁克指出，销售仍然只是以"企业的产品"为出发点，所追求的仍然是"企业的市场"。真正的营销要从客户的需求、实际情况及价值观等方面做起。真正的营销并不是对客户说，"这是我们所提供的产品和服务"，而应该说，"这些是客户所追求、重视及需要的"。[5] 由此可见，营销不同于销售，营销和销售的区别在于出发点不同。销售是从生产、从已有的产品、从我能做什么或我认为应该做什么出发，然后千方百计把东西销售出去。营销是从需求出发，首先了解客户的需求，然后根据客户的需求，整合资源，提供客户需要的产品和服务。现在很多社会组织是在做销售，而不是做营销。

　　营销的本质是互利互惠和公平交易。比如"外来媳妇就业技能培训"这个项目，我们会做项目，但是没有资金，项目做不成。上海市慈善基金会有资金，但不会做项目。它给我们捐了100万元，使我们能实施这个项目，这就是互利互惠。同样，如果这个项目没有服务对象参加，项目就没有意义，机构也就没有存在的价值。但是如果我们不做这个项目，服务对象很难有机会学习就业技能、解决就业问题。这个从服务对象需求出发的项目使服务对象掌握就业技能、实现就业，我们机构因为实施了这个项目，体现了存在的价值，我们和学员也是互利互惠的。

　　营销也是一种公平交易。"交易"是个中性词，捐赠也好，政府购买服务也好，实际上都是交易。交易了什么？资助方和购买方用钱和项目成果进行了交易。上海市慈善基金会为什么愿意捐给我们100万元，不是因为我们搞了多少活动，培训了多少人，而是因为我们的项目有预期成果——50%的就业率，它是用100万元来买我们实现这个成果的。因此，如果你希望别人捐赠或希望政府购买，一定要想清楚用什么成果跟他们交易。如果他们觉得我们拿出的东西没有价值或者他们不需要，就不会给我们资金。

　　营销最简单的定义是：寻找并满足需求。做公益项目，实际上就是在做营销。

德鲁克指出，关于企业的目的，只有一个正确而有效的定义，即"创造客户"。由于企业的目的是创造客户，任何企业都有两个基本职能，而且也只有这两个基本职能：营销和创新。[6]52 我认为社会组织的目的也是创造客户。社会组织同样要有营销和创新这两个基本职能。做项目就是做营销，而营销就是寻找并满足需求。需求又是不断变化的，因此，社会组织需要不断创新，满足客户新的需求。

三、公益项目（社会组织）的三类客户

营销就是寻找并满足需求。满足谁的需求呢？当然是要满足客户的需求。那么谁是客户呢？很多人往往把客户仅仅理解为服务对象，这不够准确，我们对客户一定要有完整、准确的理解。

客户是指为了使组织得到结果而必须让其满意的那些人。[4]比如，"外来媳妇就业技能培训"项目要取得结果，要让哪些人满意？资助方上海市慈善基金会要满意，参与这个项目的合作伙伴要满意，服务对象要满意，机构的员工要满意，媒体要满意，那么这些都是我们的客户。

德鲁克还指出："如果把客户定义成可以拒绝产品或服务的人，那么实际上每个组织都有多种客户。"[4]56 大家千万不

要以为有些公益项目是免费的，就一定会有人参加。如果某个项目他们不需要，或者认为没有价值，他们会拒绝的。有些公益项目之所以吸引不到人，原因就在这里。

公益项目（社会组织）有三类客户：

第一类是主要客户。这是指通过组织的工作，通过我们的项目使其生活得以改善的人。主要客户还有两个同义词：服务对象、受益人。

第二类是支持客户。这是指志愿者、会员、合作伙伴、资助方、政府、员工、社区、媒体和其他需要满足的人。

第三类是潜在客户。德鲁克指出："潜在客户是那些确实需要某种服务，并渴望得到这种服务，但目前还没有成为被服务对象的客户。"[4]100

比如"外来媳妇就业技能培训"项目的服务对象外来媳妇一开始就是潜在客户，因为以前我们机构的培训对象都是有上海户口的下岗失业人员。外来媳妇就是嫁到上海的女性，她们大部分来自农村，由于上海户口政策很严，她们最长要结婚15年之后才能拿到上海户口。很多外来媳妇缺乏技能，没有工作，家庭贫困。她们希望参加免费培训，实现就业，但由于没有上海户口，她们不能参加免费培训。

我们通过调研发现了上海的外来媳妇的真实需求，于是开发并实施了"外来媳妇就业技能培训"项目。潜在客户是项目创新的源泉，我们要把潜在客户的需求作为新项目的内容。我们要主动发现和了解潜在客户的需求，助力项目的创新。

这三类客户对开发公益项目非常重要，现在的问题是很多人仅仅知道主要客户，但不知道、不了解支持客户、潜在客户，进而影响了项目的开发和实施。

（一）开发项目首先要精准确定主要客户

德鲁克指出，主要客户就是那些你的工作会直接改变他们生活的人。要想让自己的工作更加有效，你需要学会专注，这就意味着你要弄清楚谁是你的主要客户。总是为不同群体服务的组织通常会分散自己的精力，从而影响自己的表现。[2]61

精准确定主要客户就是要专注，要对服务对象进行细分。具体要做到以下三点：

第一，一个项目就针对一类主要客户，解决一个问题，取得一个成果。一个项目不能有多类主要客户。

第二，必要时在主要客户前面多加一些定语，把它界定得更清晰。比如，我们做过一个促进社区失业青年就业的项目——上海社区青年就业援助行动，这个项目的服务对象是：具有上海户籍的 18 ～ 28 岁的仅有初中文化程度的失业青年。因为仅有初中文化程度的失业青年学历偏低，就业难度更大，我们帮助他们就业意义也更大。我们用一年半的时间让服务对象拿到了一张中专文凭和两张技能证书，就业率达到 70%。

第三，项目和服务需要专业化和差异化。正如德鲁克指出的："我认为非营利组织有越来越专业化的倾向……我认为我们对非营利组织与对企业一样，都有产品和服务的差异化的需求。"[4]81

专业化和差异化可以使项目具有竞争优势。

现在项目开发中在确定主要客户时主要存在三个问题：

第一，主要客户太宽泛。比如，有的项目的服务对象是残障人士，或是老人，或是社区居民，或是青少年等。这种主要客户的界定就太宽泛了。因为残障人士、老人、居民、青少年分别都是很大的一个群体，他们情况不同，需求不一样。如果对服务对象不加以细分，就很难了解服务对象的真实需求，无法确定项目目标，这个项目就没法做了。当然，如果满足服务对象的某一种共同需求，这是可以的。

第二，主要客户太多。有的项目有两三类主要客户。比如，一个政府购买服务项目，购买方关注"一老一少"，要求项目的服务对象既要有老人，又要有儿童。实际上老人和儿童是两类不同的服务对象，需求、目标和服务内容都不一样，放在一个项目里怎么做呢？

第三，不清楚主要客户到底是谁。比如，一个为脑瘫儿童提供康复服务的项目，主要客户应该是脑瘫儿童，结果把脑瘫儿童的家长也当成了主要客户，大量服务和活动都是围绕脑瘫儿童的家长开展的，最终项目对脑瘫儿童的康复没有起到作用。

凡是项目做得好的、有成效的，一定在项目开发设计时就对主要客户做了明确、清晰的界定。比如上海有个叫"小笼包"的社会组织，是专门帮助聋哑人就业的。它对主要客户是这样界定的：大学毕业的、计算机相关专业的、有就业愿望的聋哑人。通过在聋哑人前面加上必要的定语，对主要客户做了细分，精准地界定了服务对象。我们做项目不是为了追求更多的人数，而是取得成果。不是所有聋哑人都可以就业，如果某个聋哑人没有就业的可能，为他提供再多的培训和服务都是没有意义的。如果对主要客户不加以细分，培训了50人，但一个都没有就业；做了细分后，只培训了20人，其中有10人就业了。从有效性角度来评价，当然是后者更好。

（二）开发项目要了解和满足支持客户的需求

一个项目的实施和成功离不开支持客户。不同的项目有不同的支持客户，如果不了解支持客户的需求，不能满足他们的需求，项目开展就会有困难。我们在开发项目时一定要投入时间和精力做到以下四点：第一，要知道这个项目有哪些支持客户；第二，要和项目涉及的所有支持客户接触沟通；第三，要满足支持客户合理的期望和需求；第四，要让项目实施人参与项目开发。

（三）开发项目还要了解潜在客户

潜在客户的重要性在于：第一，潜在客户是项目创新的重要源泉；第二，潜在客户在数量上比主要客户多。数量多意味着需求大，项目就有更高的可持续性。做公益项目要做到手上做一个，脑子里想一个，心里琢磨一个。这样，才能实现可持续发展。

四、因地制宜，做好需求调研

以需求为导向开发项目，必须做好需求调研。调研的方法有很多，比如访谈、观察、测试、关注社会热点问题、关注国家政策、座谈会、二手资料等。需求调研必须因地制宜，从实际出发，不要千篇一律。我们要根据不同的项目、不同的情况，采取合适的调研方法。这里需要强调的是我们一定要先做好需求调研，了解了服务对象的真实需求，再去开发、设计项目。

我做需求调研，主要常用两种方法。第一种方法是关注社会热点问题。一般来说，社会热点问题反映了某些群体的一种紧迫的需求，比如农民工问题、社区失业青年就业问题、失独家庭问题、外来媳妇就业问题等，它们都是一定时期的社会热点问题，这些群体都有需求。社会热点问题也容易引起媒体的关注和报道。第二种方法是关注国家政策。做有社会需求、又是党和政府关注的项目，比较容易得到政策和资金上的支持。所以，做社会组织，做项目一定要关心国家大事，关心国家政策。

不管用什么方法做需求调研，说到底都是要由人去做。做社会组织，做项目，一定要做一个有心人。很多信息和资料要靠平时积极主动、用心用力去寻找、发现和积累。要保持一种"时刻准备，即刻行动"的状态，这样才能更好地开发项目。

五、如何正确选择公益项目

正确选择公益项目是成功的重要前提。这里给大家介绍两种选择公益项目的方法。

第一种是 SWOT 分析法（见图 2-1）。

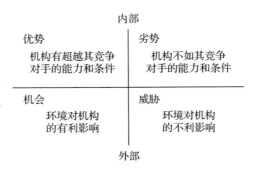

图 2-1　选择公益项目的 SWOT 分析法

其中，S 是优势（Strengths），W 是劣势（Weakness），O

是机会（Opportunity），T 是威胁（Threats）。我们做项目可行性分析时，需要从这 4 个方面分析。这要求既分析内部也分析外部，既分析主观也分析客观。

第一，要分析优势。所谓优势，是你的机构做这个项目有哪些优于别的机构的能力和条件。一个机构的优势有很多，比如资金、团队、关系网络、影响力、专业能力等。但优势不仅包括有形的，还包括无形的，比如认真负责、诚实可信、开拓创新、善于学习、善于整合资源等品质和特长。在今天，一个社会组织有清晰的使命和很强的公信力，也是重要的竞争优势、宝贵的无形资产。

第二，要分析劣势。这一部分就是分析你做这个项目有哪些能力和条件是不如竞争对手的。比如，缺乏经验、能力不足、知名度不高等。

需要指出的是，优势与劣势是机构内部的，是自己在一定程度上可以掌控的东西。

第三，要分析机会。机会是指做这个项目有哪些有利的外部条件。判断是否有机会，最重要的是需求情况，没有需求就没有机会可言。当然机会还包括国家政策、社会的大环境、认知的改变、技术的发展等。

第四，要分析威胁，即要分析做这个项目可能会遇到的不利条件，比如竞争格局的变化、成本的上涨、政策的变化、意外事件等。

通过对以上四个因素的分析，可以看到一个好的项目一定是优势大于劣势、机会大于威胁的。如果是倒过来的话，这个项目是不合适、不可行的。因此，在项目开发时用 SWOT 方法进行分析，可以帮助我们规避风险，判断项目可行性。

第二种是我在实践中总结出来的，叫"三圈原则"，如图 2-2 所示。

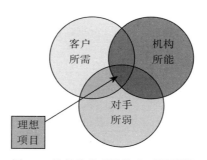

图 2-2　选择公益项目的"三圈原则"

我认为一个理想的公益项目必须同时符合三个条件，也就是它位于三个圈相交的区域。

第一个条件是客户所需。项目一定要符合客户的需求，这就是需求导向。没有需求或者需求不清楚的项目千万不要做。

第二个条件是机构所能。客户的需求有很多，但机构不是什么都能做的。机构一定要清楚自己的优势、长处是什么，自己能做什么。这里讲的机构所能，不仅指机构自身的优势、长处和条件，也包括整合利用社会的资源。如果机构能充分整合利用社会资源满足客户的需求，这也算有能力做的。

第三个条件是对手所弱。社会上不是只有你一家社会组织，还有同行和对手。市场调研，不但要了解客户需求，还要研究对手，要了解对手的弱点和缺陷，了解对手在满足客户需求方面有哪些做得还不够的地方。比如有哪些地方做得不到位，客户还不满意的；哪些是客户需要，而对手有的不愿意做、有的没想到做或想做却做不到的。如果你比对手做得好，能弥补对手在某一领域的缺陷和不足，就有可能得到更多的机会和资源。

因此，一个好的项目应该同时符合这三个条件，处于这三个圈（客户所需、机构所能、对手所弱）相交的区域。如果有一条不符合，就不是一个好项目。

我这些年一直在宣传一个很重要的观点：无论是经营社会组织还是推进公益项目，做正确的事情比把事情做对更重要。这也是现在一个非常重要的理念：选择比努力更重要。

现在的问题是很多机构、很多人比较重视努力，不重视或忽视选择。当然，努力很重要，不努力项目做不好，也不会有成果。但是如果选择错了，项目本身有问题，再努力也不会有好的结果。有不少公益伙伴对我说，以前确实对选择重视不够，做项目时没有考虑"为什么做（Why）"，只考虑"怎么做

（How）""做什么（What）"。要保证公益项目的有效性，首先要做正确的选择，要开发设计理想的公益项目。选好项目是项目成功的重要前提。正如德鲁克所说："过去的质量控制是在工厂，而新的质量控制则是在设计阶段。"[3]177

为了使公益项目能有效解决社会痛点和难点问题，公益项目选择要做到"舍易求难"。要多雪中送炭，少锦上添花，要特别关注那些需要关注但缺乏关注的群体。要重点关注实现共同富裕，解决老百姓"急难愁盼"的问题。

六、如何填补"对手所弱"

开发项目需要发现和抓住机会，能够填补"对手所弱"就是一种机会。我们可以从以下 6 个方面填补"对手所弱"来获得机会，提高项目和机构的竞争力。

（1）价格。做公益项目也要讲成本、性价比。做同样一个项目，一家机构要用 15 万元，而另一家机构用 13 万元也能达到同样的效果，资助方很可能就选择后者。因此，以更加合理的价格来制定项目经费预算很重要，特别是政府购买服务在选择承接方时也要比价。做项目的人要了解市场上各种产品和服务的价格水平。我们坚决反对搞低价竞争和亏本买卖（贴钱做项目），而是强调合理的价格。

（2）服务。我们不但要为客户提供优质服务、专业服务，还要努力给客户提供超值服务，即超过客户期望的服务。比如你花了10元钱买东西，如果东西的实际价值低于10元钱，你就会觉得自己吃亏了，你会不满意；东西的实际价值等于10元钱，这是公平交易；东西的实际价值超过10元钱，你就会喜出望外。所以要想方设法为客户提供超值服务。

以培训为例，很多老师做完培训之后就不再和学员联系了。但我做完培训后会把联系方式留给学员，他们如果有问题，需要指导和咨询，可以随时和我联系。一个老师培训结束就和学员说"再见"了，另一个老师培训结束后还会给学员提供后续服务和指导咨询，你喜欢哪个老师？

为什么我能做到提供超值服务？因为学员参加培训，不仅是学知识，还需要把知识用于实践，但他们在知识转化、运用的过程中会遇到问题，我采取"培训＋咨询"的服务模式，就可以更好地满足学员的需求。我做了30年的公益项目和20年的社会组织能力建设培训和咨询，我的每个项目和服务都有超值服务部分。这就是需求导向。

（3）质量。现在国内各行各业频繁出现的问题就是产品与服务的质量不好，客户不满意。如果你的服务和项目的质量更好一点，多为客户带来一些价值，客户就会满意。现在有些做就业技能培训的机构"缺斤少两"、质量不高，把培训当作盈利、赚钱的手段。上海市慈善教育培训中心的就业技能培训，严格保证质量，不仅让学员学到知识和技能，百分之百拿到证书，还能做到50%的就业率，学员很满意。因此，我们机构的项目得到了更多人的认可。

（4）技术。有些公益项目的质量和成果与技术有很大关系。比如为残障人士提供康复服务，如果能采用一些有效手段和先进技术，会有更好的康复效果，就可以吸引更多需要康复的残障人士来接受我们的服务。此外，我现在做培训和公益咨询，就会利用直播平台、微信，可以随时为有需要的人服务，做到便捷、及时、有效。

（5）便捷。要让服务对象非常方便地得到你的服务。比如，我们在上海做的"外来媳妇就业技能培训"项目，服务对象分布在上海各地，我们就利用上海市10多家合作机构的资源来培训学员，使学员很方便地就近参加培训。又比如，我们机构在上海30多所高校开展大学生创业教育，由于大部分高校都在上海郊区，我们就采取"送教上门"的方法，把培训班办在校内，方便学员参加培训。

（6）速度。在服务对象有需求的时候，第一时间满足其需求。这也是项目的创新。

如果一个项目在这6个方面的某一个方面比对手做得好，就会有机会。如果6个方面都能超越对手，那机会就更多了。

因此，无论是机构、项目还是个人，一定要打造自己的竞争优势和核心竞争力——不可替代性。如何打造？我们一定要做客户非常需要而你的对手有的不愿意做、有的没想到做、有的想做还做不到的事情。

要做到研究对手、超越对手，第一要有一颗全心全意为客户服务的心；第二要有"需求导向、价值创造、成果体现"的服务理念；第三要做"有心人"，甘愿付出，艰苦奋斗。

最后，我想特别提醒的是，在开发、设计项目时先不要想怎么做、做什么。首先要认真思考并准确回答这样三个问题：

（1）项目要解决什么社会问题？

（2）项目的服务对象是谁？

（3）项目要满足客户的什么需求，给他们带来什么样的价值？

如果不能准确回答这三个问题的话，项目的目标就会出问题，具体计划就会缺乏针对性、有效性。

现在普遍存在的问题是：第一，项目要解决的问题太多，或者根本不清楚要解决什么问题；第二，项目服务对象太宽泛，没有细分或者服务对象太多；第三，项目要满足什么样的需求不清楚，或者要满足的需求太多。这些问题最终会导致项目目标不清或者没有，计划缺乏可操作性，项目做了也没有效果。

　　有一些得到资助、被评为优秀项目的项目也存在这些问题。我见过一个为残障人士开展就业创业培训的项目，它得到了政府 50 万元的资助，还被评为优秀项目。其实，这个项目是存在问题的。因为就业和创业是两个不同的主题，它们的服务对象不同，目标不同，提供的培训内容也不同，这两个主题放在一个项目里，项目到底做就业培训还是创业培训呢？正确的做法是应该做两个不同的项目，一个是残障人士就业培训项目，另一个是残障人士创业培训项目。此外，这两个不同项目的服务对象还要细分，一个是有就业可能的残障人士，另一个是有创业可能的残障人士。所以，大家千万不要认为拿到资金、评上奖的项目就一定是好项目。

思考题

1. 开发项目为什么要坚持需求导向？

2. 什么是营销？为什么做项目就是做营销？

3. 社会组织有哪两个基本职能？

4. 谁是客户？公益项目（社会组织）有哪三类客户？

5. 在确定主要客户时要注意哪些问题？你的机构以前做项目在确定主要客户时存在哪些问题？如何改进？

6. 开发项目时如何做到了解和满足支持客户的需求？你

的机构以前开发项目时在了解和满足支持客户的需求
方面存在哪些问题？如何改进？

7. 为什么要关注潜在客户？

8. 如何正确选择公益项目？你们机构过去在选择公益项
目时存在哪些问题？如何改进？

9. 我们可以从哪6个方面填补"对手所弱"来获得机会？

第三章

如何编制公益项目计划书

非营利组织是改造人类的机构，因此其结果不外乎是引起人类的改变——行为、环境、见识、健康、希望的改变，当然，最重要的是能力和潜能的改变。概而言之，不管是医疗保健组织、教育机构，还是社区服务团体或工会，非营利组织都必须根据其设定的愿景和标准、所创建的价值、所做出的承诺以及所提高的人类能力的绩效来进行自我测评。因此，非营利组织需要根据其对人类的服务来设立明确的目标，而且还要不断地提高这些目标，否则绩效就会下滑。[4]112-113

——彼得·德鲁克

一、项目计划书的五个关键问题

德鲁克在《组织生存力》中指出："每一家组织都必须定义自己的顾客，了解他们的需要，制定出有意义的衡量标准，并且诚实坦白地判断自己是否实现了目标。对于很多非营利组织来说，这是一项新的要求，但是管理者可以通过学习满足这个要求。"[2]99

一份规范的公益项目计划书，主要就是回答这样五个问题：

第一，项目要解决什么社会问题，即为什么要做这个项目？

第二，项目的服务对象是谁，即项目是为谁做的？

第三，项目要满足客户的什么需求，给他们带来什么样的价值？

第四，项目目标是什么，如何衡量？

第五，项目如何实施，即怎么做、做什么？

大家可以发现，这五个问题的前三个问题，就是我在讲需求导向项目开发时提到的，这些是开发、设计项目首先要认真思考和准确回答的三个问题。这五个问题是一个非常重要、非常有用的思维逻辑框架，五个问题的顺序不能颠倒，要素不能缺少。如果能够按照这样的思维逻辑框架去制订项目计划，不但能够把项目做得更加有效，而且可以养成一种提高有效性的思维习惯。请思考一下：这五个问题中哪个问题最重要？是第四个问题，目标最重要。但我在做线下培训调查时发现，能正确回答这个问题的人不超过10%。为什么目标最重要？因为我们做项目就是为了解决问题、满足需求，而目标就是解决问题、满足需求的结果。所以，目标最重要！但要确定正确的目标，离不开对前面三个问题的回答。这就是逻辑！现在很多人在做项目的时候，往往首先考虑的或主要关注的是项目怎么做、做什么，也就是第五个问题。但是，为什么做？为谁做？要满足服务对象的什么需求？到底要什么样的结果？他们对这些问题并没有很好地考虑，或者根本就没考虑过。而不考虑或不能准确回答前面四个问题，不清楚项目的目标，就思考怎么做、做什么，最后得出的结论肯定缺乏针对性和有效性。为什么现在许多项目成效甚微，甚至没有成效，就是忽视了对前面四个问题的正确回答。做项目说到底是一种思维方式和思维习惯，我们一定要从只关注怎么做、做什么转变为关注目标。先确定目标，再考虑怎么做、做什么。目标明确了，怎么做、做什么才有方向。要制订科学合理的项目计划，必须按照这样五个问题的顺序来回答。这五个问题对有效运营管理一个社会组织同样适用。

二、项目计划要体现成果

在写项目计划书的时候，非常重要的一点就是要在项目计划中体现成果。德鲁克非常明确地指出，"多年以来，大多数非营利组织都觉得，对于它们来说只要有一个良好的意愿就可以了。可在今天，我们都清醒地意识到，由于非营利组织没有一个清晰的业绩标准，所以我们必须更加注重管理，必须将纪律的观念深深植入组织使命当中。我们必须学会充分利用手头有限的人力财力，使其能够发挥最大的效用。我们必须想清楚一个问题：我们的组织追求的成果究竟是什么"。[2]28 他还指出，每一份计划书应清楚地阐明它期望取得什么样的结果，这种期望是它赖以生存的基础。在讲项目开发时我们提到了营销的概念，营销的本质是互利互惠和公平交易，资助方也好，购买方也好，是用钱和项目的成果达成交易的。所以，我们必须在项目计划书中让资助方、购买方清楚地看到成果。

遗憾的是，现在很多社会组织、很多做项目的公益伙伴没有成果的概念和意识，不知道什么是成果。在这里给大家介绍一个非常有用的模型，叫作"项目产出模型"（见图 3-1）。这是 20 年前有一次我参加培训时学到的。模型里面有四个非常重要的概念：投入、活动、产出、成果。这四个概念大家一定要搞清楚。

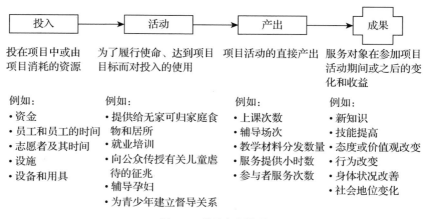

图 3-1　项目产出模型

资料来源：HATRY H. Measuring program outcomes: a practical approach[Z]. 1996.

投入是指投在项目中或由项目消耗的资源，比如举办一个项目管理培训班，需要有人力、资金、物资的投入。

活动是指为了履行使命、达到项目目标而对投入的使用，比如培训班搞了两天培训，四位老师讲了四个主题。

产出是指项目活动的直接产出，如培训有 50 个学员参加，发了 50 份教材，培训时间 12 小时，这就是产出。

成果是指主要客户（服务对象）在参加项目或者接受服务期间或之后的变化和收益。这种变化和收益可以是无形的，比如，学员在参加培训后，学到了项目管理的基本知识，提高了对项目化运作重要性的认知；服务对象参加项目以后转变了观念、调整了心态、增强了自信。这种变化和收益也可以是有形的，比如，学员写出了一份项目计划书；失业人员参加就业技能培训后实现了就业。不管是无形的还是有形的，成果一定是服务对象的变化和收益。

这是制订项目计划时必须了解和掌握的四个重要概念。为什么我特别强调大家要掌握这四个概念？因为现在社会组织的项目计划书普遍存在把活动当成项目、把产出当作成果的情况。

"项目产出模型"是美国联合劝募会（联合之路）在1996年的一份培训资料（*Measuring Program Outcomes: a Practical Approach*）中提出的。美国联合劝募会是美国最大的非营利机构之一，每年募集的资金超过40亿美元。它自己不做项目，而是把钱资助给成千上万向它申请经费的非营利组织。它提供这样一份资料，要大家了解投入、活动、产出、成果这四个概念的含义，就是告诉向它申请资金的非营利组织，要想得到资助，就必须有成果。如果项目计划书里只有活动和产出，而没有成果，是得不到资助的。

现在中国的社会组织，包括社会组织发展相对起步较早的北京、上海和广东的一些社会组织，普遍存在的一个严重问题就是把活动当项目，把产出当成果，有的地方这一比例甚至高达70%～80%（这是我从每年参加评审和辅导的二三百份项目计划书中得到的数据）。大量的项目计划书里只有活动，只有产出，就是没有成果。这种现象不改变的话，后果很严重。

第一，浪费资源。资助方和购买方花了不少钱，但是社会问题并没有得到很好的解决，服务对象没有从中受益或受益不多。第二，机构无法持续发展。机构没有做项目的能力，不会做正确的事情，一旦失去政府购买，就无力从其他渠道获得资金，难以持续发展。第三，影响政府职能转移。社会组织没有能力或者能力得不到提高，即使政府加大购买社会组织服务的力度，社会组织也无力承接，进而影响政府规划。

因此，我要特别提醒大家，做公益项目一定要有强烈的成果意识和注重成果的心态。在外部，成果是服务对象的变化和收益。在内部，成果是社会组织存在的理由和价值，是社会组织安身立命之本。在做项目之前，先不要考虑这个项目怎么做、做什么，而是首先一定要想明白、搞清楚项目的成果到底是什么。只有知道了项目的成果是什么，才能在项目计划书里清楚地呈现出来，让资助方和购买方非常清楚地看到，从而提供资金支持。如果项目计划书里没有成果，项目实施也是做不出成果的，项目监测和评估也没有意义。

三、正确确定项目目标和评估指标

德鲁克指出："在测评绩效和成果的方法确定之前，就要先确定理想的成果是什么。"[4]107 这里说的成果实际上指的是目标，结合项目管理的情况，项目成果就是项目到底要取得什么样的结果。知道了什么是项目成果，接下来，就要了解如何确定项目目标和评估指标。

在写项目计划书时，首先要根据项目的服务对象的需求，确定若干个具体的目标，至少有一个。同时，还要确定衡量具体目标完成情况的评估指标。

德鲁克指出："任何组织的成就都可以用定量或定性的标准来衡量。这两种类型的标准是相互交织、相互影响的。如果你想要了解一个组织如何改变别人的生活，以及在多大程度上改变别人的生活，你就有必要去了解这两种标准。"[2]100 德鲁克的这段话告诉我们，在制定目标、确定评估指标时，至少有一个应该是定量的。因为现在有很多项目计划书在提到目标的时候，往往只有定性的而没有定量的。

一个好的项目目标有 5 个特点，这 5 个特点遵循 SMART 原则。

第一，简单易懂。项目目标必须简单明了，不要写得空洞抽象，要让人一看就很清楚地知道这个项目到底要取得什么样的结果。比如我们做再就业培训，有两个目标：一是帮助学员掌握一技之长；二是促进学员就业。

第二，结果可测。目标是可以衡量的，可以通过量化的指标来衡量是否达成。比如，我们用"100% 的学员考试合格，

取得职业技能证书"来证明学员掌握了一技之长，用"达到
50%的就业率"来证明"促进学员就业"目标的达成。

第三，力所能及。项目目标不是越高越好，而应该是通
过努力可以达到的。比如我们的目标为什么是达到50%的就
业率而不是更高呢？因为50%是我们能够做到的，太高的话，
我们做不到也就没有意义，而且无法通过评估。当资助方或购
买方提出不合理的目标时，我们要和他们交流沟通，确定一个
双方都能接受的合理的目标。

第四，利益相关性。项目确定的目标，要符合包括支持
客户在内的所有客户的利益。比如，这个项目如果找到了资助
方，在确定目标时，就需要和资助方进行沟通，双方要就项目
目标达成共识。如果目标只是自己做得到，但是支持客户不认
同，就会出现问题。资助方不认同，就不会资助；购买方不认
同，就不会购买。所以，项目目标要符合所有客户的利益。

第五，时间限制。项目是有期限的，项目目标要在项目规
定的期限内达成。

知道了如何确定项目目标，还要了解如何确定项目的评估
指标。项目目标是否达到，需要有一定的评估指标来衡量。评
估指标是衡量项目目标达成情况的重要工具。

这里介绍确定项目评估指标的三种常用方法。

（1）结果认定法。所谓结果认定法，就是看项目实施后

的直接结果。比如，一个再就业培训项目，目标是"促进学员就业"，我们就可以用就业率做评估指标，如设定就业率达到50%，这就是衡量"促进学员就业"的目标是否达到的一个评估指标；做一个对留守儿童安全教育的项目，我们设定一个目标"减少和避免安全事故的发生"，那么就可以用安全事故发生率做评估指标，如设定项目周期内安全事故发生率为0，以此衡量项目目标是否达成。

（2）知晓度调查法。就是看服务对象参与项目、接受服务后学到了什么、知道了什么。这个方法一般适用于做教育、做宣传的项目。例如反家暴的法制教育，我们的目标是让服务对象了解预防家庭暴力的方法以及发生家庭暴力后维权的方法，那么就可以用服务对象对预防家庭暴力的方法以及发生家庭暴力后维权的方法的知晓度作为评估指标来衡量目标是否达成。

（3）前后对比法。即通过服务对象在参与项目、接受服务后发生的变化来衡量项目目标的达成情况。比如，做一个关爱农民工子女的项目，其中有一个目标是提高服务对象的自信。我们可以用前后对比的方法，设定"90%的服务对象提高了自信"来衡量项目的成果。具体做法就是通过了自信心前测和后测，服务对象的自我评价和老师、家长的反馈来了解服务对象自信程度的变化状况。

我们可以根据不同的项目选择合适的评估指标。每个项目至少要有一个衡量项目目标是否达成的评估指标。

下面结合我们做过的两个案例介绍如何正确确定项目的目标和评估指标。

第一个案例是"农民工乙型肝炎（以下简称"乙肝"）防治知识教育"项目。这是上海一家中外合资制药公司资助的，要对5000名农民工进行乙肝防治知识的教育。我们接受这个项目后就和资助方一起讨论项目的具体目标。经过讨论，我们确定了两个具体目标：①学员了解乙肝病毒传播的主要途径和基本的自我保护方法；②学员对乙肝防治知识的知晓度有所提高。针对这两个具体目标，相应地确定了两个评估指标：第一个具体目标的评估指标是90%的学员至少知道病毒传播的3个途径和自我保护的3种基本方法；第二个具体目标的评估指标是学员培训后书面测试的成绩不低于70分。大家可以看到有了具体目标和评估指标，这个项目还没做，我们就已经很清楚地知道这个项目要取得什么样的结果。为了达到目标，选什么样的老师、讲什么内容、怎么讲就有了方向。

项目培训时间是一天8个课时，一个班50个学员。他们上午来参加培训的时候，我们先叫他们做一张试卷，里面都是关于乙肝防治知识的内容。因为学员没参加过培训，相关知识知道得很少，分数很低。等到一天培训结束后，我们再给他们做同样的试卷。他们通过培训学到了知识，分数就提高了，学员成绩的提高反映了他们的收益和变化。同时，在下午这张试卷里还有一道开放式题目："通过今天的培训你有哪些收获和体会？"学员会把自己的收获、体会写出来。学员的收获、体会也是项目成果一部分。这个项目的有效实施受到了资助方和服务对象的好评和认可。

第二个案例是由汇丰银行资助的"共享阳光——来沪务工人员子女教育就业援助行动"项目，项目的服务对象是居住在上海的 20 ～ 30 岁、有就业愿望、家庭贫困的来沪务工人员子女。这个项目有两个具体目标：①学员通过培训取得中专学历证书和一张技能证书；②采取切实措施，帮助学员实现就业。针对这两个具体目标，相应确定了两个评估指标，第一个目标的评估指标是 90% 的学员取得中专学历证书和技能证书，第二个目标的评估指标是学员的就业率达到 70%。

项目有了具体目标和评估指标，要取得什么结果就很清楚了。我们在上海联合了 4 家培训机构一起来做这个项目。因为有了目标和评估指标，所以选择什么样的合作伙伴、开设什么样的中专学历教育和技能培训专业就有了非常明确的标准。我们选择的 4 家培训机构所开设的中专学历教育和技能培训专业都是能达到 70% 以上的就业率的。这个项目由汇丰银行资助 77 万元，在 2008 年启动，我们精心组织、推进项目的实施，达到了 70% 以上的就业率的目标。由于项目成效显著，我们得到了汇丰银行的持续资助。到 2023 年年底，汇丰银行对这个项目的资助超过了 500 万元，帮助了 1 000 多名家庭贫困的来沪务工人员子女实现了就业，就业率达到了 90%。这个项目在 2010 年被评为 2009 年度中华慈善奖"最具影响力慈善项目"。

从上面这两个案例中，可以看到正确确定项目目标和评估指标，对保证项目成果的达成是非常重要的。

为了使大家能够正确制定项目目标和评估指标，这里提供一份不同项目的目标和评估指标的范例，如图 3-2 所示。

项目类型	项目目标	衡量结果的评估指标
• 女童防性侵教育	• 增强女童防性侵意识 • 避免性侵发生	• 意识增强率为 100% • 项目周期内性侵发生率为 0
• 儿童阅读	• 提高儿童阅读的兴趣 • 养成儿童阅读的习惯	• 兴趣提高率不低于 90% • 80% 儿童每月至少看一本书
• 留守妇女增收	• 让留守妇女掌握一技之长 • 增加收入	• 合格率不低于 90% • 50% 留守妇女每月增收 800 元

图 3-2　不同项目的目标和评估指标的范例

对什么是成果，还要再强调一遍：成果一定是服务对象的收益和变化。所以，活动不是成果，人数不是成果。另外，服务对象的满意度也不是成果。为什么满意度不是成果？因为满意度是服务对象的一种主观感受，并没有反映出服务对象的收益和变化。我们在对整个项目进行评估时，可以将服务对象的满意度作为项目评估指标之一，但满意度不是成果。

　　关于成果，还有三点要特别提示。因为我发现有些学员通过培训知道了什么是成果，但在写项目计划书、确定项目目标的时候，出现了把不属于成果的手段当成成果，写成了项目目标的情况。比如，有一个专门为自闭症儿童服务的项目，在设定目标时，制定了这样三个目标：①帮助自闭症儿童提高生活自理能力；②使自闭症儿童家长通过培训掌握康复的基本知识和技能；③建立一支 20 人的能为自闭症儿童服务的志愿者队伍。

　　其实，这三个目标里只有第一个是目标，因为成果一定是体现在服务对象身上的。家长和志愿者，不是项目的服务对象。假设也对家长进行了培训，但家长没有掌握康复的基本知识和技能，或者掌握了但没有用到孩子身上，或者用了但孩子没有改变，这有意义吗？志愿者队伍建立了，如果志愿者不去服务，或者服务后没有让服务对象受益，这也没有意义。所以，培训家长和建立志愿者队伍都不是项目成果，也不是项目目标，而是为了达到项目目标所采取的手段和方法。据我了解，在写项目计划书时，这种把手段、方法当成了目标、当成了成果的情况还是比较常见的。

　　综上所述，关于成果的三点特别提示如下：

　　第一，项目的成果是通过服务对象来体现的。以上面这个项目为例，项目成果只能体现在服务对象——自闭症儿童身上。

　　第二，项目成果要用服务对象的变化和收益来反映。在上面的例子中，要用自闭症儿童生活自理能力的提高来反映成果。

第三，衡量项目成果必须有可以量化的评估指标。在这个为自闭症儿童服务的项目中，目标之一是提高自闭症儿童的生活自理能力，为此可以设一个量化的评估指标：自闭症儿童至少掌握四种基本生活技能，如自己吃饭、自己穿衣服、自己洗脸、自己穿鞋，通过这样量化的指标来反映自闭症儿童的生活自理能力的提高。

还有一点要提醒的是，现在有些社会组织和专家往往把项目能够获奖、被媒体报道或者得到领导肯定作为成果。把获奖、媒体报道和领导肯定作为项目成果是一个误区！领导肯定、媒体报道、获奖不是项目成果，而是项目的影响力。没有成果的影响力是虚的、空的、不持久的。俗话说，外行看热闹，内行看门道。坦率地讲，现在有一些专家、评委并不是很懂项目，他们把活动当项目，把产出当成果，使有些存在缺陷的项目拿到了资金，获了奖。当然，你的项目能够获奖，高兴是应该的，但千万不能认为这个获奖的项目就一定是好项目，更不能骄傲自满，因为这种情绪可能会阻碍你去做真正有成果的项目。所以请大家不要满足于"我的项目获奖啦！""我的项目上电视了！"，而是要真正专注于成果，专注于有效解决社会问题，使服务对象受益。

科学合理地确定项目目标和评估指标非常重要，关系到项目的有效性。微软公司创始人比尔·盖茨成立了世界上最大的一家慈善基金会——比尔及梅琳达·盖茨基金会（简称"盖茨基金会"），他做公益特别强调有效性。2013年比尔·盖茨讲过这样一段话："要让慈善组织高效，首先应当有明确的目标，还要有对达到目标各个步骤的实际效果的衡量标准。"我们做项目一定要正确确定项目目标和评估指标，使项目真正让服务对象受益和改变。

和大家分享比尔·盖茨做公益项目的一个案例。大家知道盖茨基金会非常关注艾滋病的防治，在我们国内也有一些社会组织在做艾滋病的预防项目。国内社会组织的做法就是举办讲座进行宣传。比如，在一个大的会场，社会组织召集了100多人来参加预防艾滋病的宣讲，也做了海报，分发了宣传资料。这样做有没有效果？可能会有一定效果。但如果参加预防艾滋病宣讲活动的这100多人当中，根本没有人存在感染艾滋病的风险，那么我认为这种宣传就没有意义。

再来看看盖茨基金会是怎么做艾滋病预防的。盖茨基金会不是简单地搞这种宣传活动，而是通过精准界定服务对象，先找到艾滋病感染者，给他们治疗，同时采取有效措施，阻断艾滋病感染者的病毒传播路径，从而达到降低艾滋病感染率的目的。这个案例可以引起我们思考：如何精准地确定服务对象？如何注重成果？如何有效地做公益项目？

我有一点体会，也是一个建议，写项目计划书的时候，先不要去填写项目计划书里的具体内容。因为前面讲了一份项目计划书的核心部分就是五个问题：第一，项目要解决什么社会问题？第二，项目的服务对象是谁？第三，项目要满足客户的什么需求？第四，项目目标是什么，如何衡量？第五，项目怎么做、做什么？现在很多人往往关注的是怎么做、做什么。但是如果服务对象不清楚，目标不清楚、不明确，怎么做、做什么必定缺乏针对性和有效性。我的体会和建议是，先不要去想项目怎么做，先要想一想项目要得到什么结果以及如何衡量这个目标是否达到。

举个例子，现在有些社会组织在做小学生课后照料的项目，有的称之为"四点半课堂"。因为很多其父母是双职工的小学生，放学以后无人照顾，容易发生安全事故，这是很大的社会问题，社会上对小学生课后照料也有需求。做这个项目前，先不要去想项目怎么做、做什么，应该先想清楚做这个项目要有什么样的结果。我想做这个项目，肯定希望至少看到两个结果：第一，小学生不发生安全事故；第二，小学生在接受课后照料的时间段中能完成大部分作业。如何来衡量这个结果呢？针对第一个目标，不发生安全事故，可以设定一个评估指标：项目周期内安全事故发生率为 0。针对第二个目标，小学生完成大部分作业，可以设定一个评估指标：90% 的小学生在接受课后照料的时间段中完成 75% 左右的作业。我们可看到，如果一个项目有了非常明确的目标和评估指标，项目还没有做，就已经看到预期结果了。预期结果明确了，怎么做、做什么，就有方向、有针对性了。大家想一想，家长把孩子送到"四点半课堂"，最关心的是什么？家长最关心的不是你怎么做、做什么，最关心的是结果。请大家一定要记住，客户永远是为结果买单的。家长看到孩子在"四点半课堂"里既安全，又能完成大部分作业，一定会放心地把孩子送去。

关于成果，我总结了三句话：项目计划要体现成果；项目实施要做出成果；项目结束要展现成果。

四、制订项目实施计划的基本要求

德鲁克指出："工作需要实际的行动和踏实的人来完成，需要让人在限定的时间内完成，需要经过培训的人来完成，需要那些受到监控和考核的人来完成，需要那些对结果负责的人来完成。"[4] 明确了项目目标和评估指标，在回答项目计划书里的最后一个问题（如何做、做什么？）时就有方向、有针对性了。请大家注意，项目计划书里都需要你就"实施计划"展开一段描述，那么什么叫实施计划？实施计划是为了满足客户需求、实现项目目标而计划开展的活动和提供的服务。我们在项目计划里肯定要设计各种各样的活动和服务，但所有的活动和服务，都要围绕着项目目标来设计。

在制订项目实施计划时，有三点需要强调的要求：

第一，实施计划安排的所有活动和服务，必须要紧紧围绕目标来设计，也就是说有助于项目目标实现的就把它写进去，与目标没有关系的就不要写进去。一个项目不是活动搞得越多越好。

第二，实施计划一定要清晰、具体、详细。现在项目计划书普遍存在的一个问题是写得很粗略、很笼统。比如，一个为老服务项目，其中一个服务内容就是要让老人学习健康知识，实施计划里就一句话：每个季度举办一次健康讲座。至于每一次讲座讲什么内容、讲多长时间、谁来讲、多少人参加、在哪里举办，这些都没有。那么这个项目将来如何实施呢？如何保证能达到项目目标呢？项目计划书体现的是一个项目实施的基本逻辑，必须写得清晰、具体、详细。所以，在这个为老服务项目中，要把每季度一次的健康讲座的具体时间、内容、授课老师、参加人数、授课地点等写得清清楚楚。只有写得清晰、具体、详细，才能很好地实施，资助方或购买方才能够判断这些活动和服务开展以后能不能保证目标的达成。实施计划清晰、具体、详细也有助于做好项目预算，不至于遗漏。

第三，制订实施计划一定要有可操作性。在制订实施计划时一定要考虑实施问题，这也是项目计划书中非常重要的一点。现在有些机构在写项目计划书时，没有认真考虑实施项目所需要的条件和资源是否具备，项目能否实施。它们会在拿到钱后再去准备条件，再考虑实施问题。这就可能造成钱拿到了，项目却做不好或者做不下去的情况。比如，一个项目需要两个人，在制订项目实施计划的时候就要想好怎么补上这两个人的空缺，是内部解决还是要去招人，能不能招得到，招来的人有没有能力做这个项目，而不是等钱拿到了再去考虑招人。如果事先不考虑这些实施问题，拿到钱后有可能人招不到，或招到的人没有能力做项目，就会影响项目的顺利实施。再比如，有的项目需要和其他机构一起实施，那么在制订项目实施计划时就要想清楚与哪家机构合作，如何与它合作，需要事先与这家机构沟通，让它同意与你合作，而且保证对方有能力一起实现项目目标，这样拿到钱后才能很好地实施项目。如果事先不沟通，不落实，等拿到钱再去找合作伙伴，万一找不到，或者找到的合作伙伴没有推进项目的能力，项目的实施就会受到影响。所以，在制订项目计划时，一定要考虑和落实实施项目所需要的各种条件和资源，使计划具有可操作性。

还有一点要强调的，就是写项目计划书必须有实施人参与。现在有的社会组织的项目计划书是领导或项目负责人写的，申请到经费后就交给员工去实施。但是写项目计划书的人可能对项目实施过程中会遇到的问题和困难考虑不周，真正实施的时候就会遇到一些没考虑到的问题和困难。这样的话，具体实施人就会抱怨，甚至可能做不好这个项目。如果实施人参与制订项目实施计划，就可以更好地去考虑实施当中可能遇到的问题和困难，使项目实施计划更加具有可操作性和可行性。制订项目实施计划是决策，决策的一个重要原则就是必须有实施人参与。而且实施人参与不参与，他的心态是不一样的。他不参与，是你要他做；而他参与了，是他要做，这对调动项目实施人的积极性、主动性也有很大的好处。

在制订项目实施计划时的常见问题有：

（1）拿到项目经费后再做需求调研。

（2）项目实施计划太粗略，不具体。

（3）项目缺乏可操作性。

（4）对项目需要具备的条件考虑不周。

（5）计划中安排的活动和服务与项目目标没有关联，实施计划就是没有关联的活动的堆砌。

每一个社会组织都希望实现可持续发展，如何才能做到呢？美国女童子军（Daisy Scouts）前首席执行官、德鲁克基金会创始人弗朗西斯·赫塞尔宾女士指出："只有那些能够持续实现可衡量的成果的组织才能走向未来。"一个社会组织要做到可持续发展，必须有可衡量的成果，而且要持续取得可衡量的成果。这也是制订公益项目计划时必须高度重视和体现成果的原因所在。

为帮助大家正确撰写项目计划书，这里提供一份规范的项目计划书的模板（见表 3-1），指导大家如何正确填写。

表 3-1 公益项目计划书（模板）

项目名称：

> 项目名称有两个关键词："服务对象"和"做什么"，要让资助方或购买方很清楚地知道项目的受益人和做什么。比如："外来媳妇就业技能培训"项目。项目名称不要过分追求辞藻华丽或所谓新意，否则会使人看得云里雾里，不知道项目到底要做什么。如果要用一个艺术化的词或短语做项目名称，可以在这个词或短语后面用破折号加上"服务对象"和"受益人"。比如：阳光下展翅——上海社区青年就业援助行动

申请机构：申请这个项目的社会组织的名称

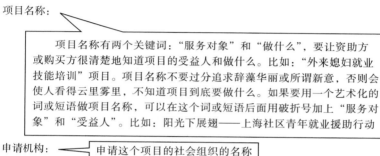

一、项目基本信息			
项目名称		项目周期	
项目实施地点			
项目服务对象		项目受益人数	
项目领域		项目总预算	
申请机构名称		民政注册号	

其中各气泡注释：

项目名称有两个关键词："服务对象"和"做什么"，要让资助方或购买方很清楚地知道项目的受益人和做什么

如果有确定起讫日期的，就按该日期填。比如：2018 年 1 月 1 日至 2018 年 12 月 31 日。如果没有确定起讫日期，项目周期是 1 年，可以采用下面这种方法：项目自合同签订之日起，一年内完成

必须符合资助方或购买方的要求

不要太宽泛，要细分。必要时在服务对象前加上定语，精准界定服务对象

必须量化，不能写"30 人左右"或"大约 50 人"；是人数而不是人次。确定的服务对象必须参加和接受项目计划提供的所有的活动和服务

必须符合资助方或购买方的要求

必须量化，不能写"8 万元左右"或"大约 12 万元"

（续）

项目概述（项目希望解决的社会问题、服务对象以及计划通过何种方式达到什么目标）
用最简单的语言回答 5 个问题：①项目要解决什么社会问题？②项目的服务对象是谁？③项目要满足服务对象什么样的需求？④项目目标是什么，如何衡量？⑤项目如何做，做什么？使资助方和购买方很好地了解这个项目

项目负责人信息

姓名及职务		电子邮件	
办公电话		手机	
机构地址			

二、申请机构及主要合作机构基本信息

1. 申请机构信息

机构基本情况					用简明扼要的文字介绍机构的概况
执行过的同类项目	项目名称	起止时间	资助方	资助总额（元）	备注
					是指本项目的合作机构。有的时候,资助方或购买方会要求提供申请机构和合作机构签订的合作协议的复印件,以确保合作关系的确立和项目顺利实施

机构负责人信息

姓名及职务		联系电话	
电子邮箱			

2. 主要合作机构信息

合作机构基本情况	成立时间、地点、业务范围、业绩记录（300 字以内）
合作历史	合作时间、内容和方式（200 字以内）

合作机构联系人信息

姓名及职务		联系电话		电子邮箱	

54

（续）

三、项目详细信息

1. 项目背景

项目要解决的问题	项目要解决的社会问题是什么？问题产生的原因是什么？为什么有必要解决？ 要清楚写明为什么要做这个项目。一般来说，一个项目就解决一个社会问题，不要追求面面俱到
服务对象描述	要求清晰界定本项目的受益人（服务对象）以及要满足他们什么样的需求，并提供其数量、基本特征等信息 要清晰界定项目的服务对象，不要太宽泛。一般来说，一个项目就针对一类服务对象。要写出服务对象的真实需求。不要写全国的、全省的、全市的或全区的需求

2. 项目方案

介绍项目实施后期望实现的具体目标，要求清晰、明确、可实现、可衡量（100字以内）

项目目标	具体目标1	至少要有一个项目目标，也是项目的成果，即给服务对象带来的收益和改变。项目目标要符合SMART原则。不要写得笼统、空洞、无法衡量
	具体目标2	
	具体目标……	

衡量项目具体目标达成情况的评估指标（从哪些方面考察项目目标是否实现？主要为可量化的、具体的指标）

对应具体目标的评估指标/关键词	实施后预计该指标达到的水平（可量化的、具体的）	信息/资料来源（什么样的信息或资料能证明该指标是否实现？出自何处？）
这里填用什么做评估指标，要和目标对应。比如，"外来媳妇就业技能培训"项目的具体目标1是"让学员学会一技之长，取得相关技能证书"，评估指标可以是"考试合格率"	这里填评估指标应达到的水平。比如：考试合格率为100%	考试成绩或证书
比如"外来媳妇就业技能培训"项目的具体目标2是"促进学员就业"，评估指标可以是"就业率"	就业率不低于50%	劳动合同或工资收入

（续）

......		

项目实施计划（为满足需求、实现项目目标而计划开展的活动和提供的服务）

①要紧紧围绕项目目标来制订实施计划。和实现项目目标有关的活动或服务要写进去，和实现项目目标无关的活动和服务不要写进去。②要清晰、具体。比如一个为老服务项目，要为老人进行健康知识讲座，不能简单写"每季度为老人举办一次健康讲座"。必须详细写明讲座的时间、内容、讲多长时间、谁来讲、多少人参加、在什么地方讲。因为只有制订这样详细的计划，才能知道能否达到项目目标，才能准确地制定项目预算。③计划里安排的活动或服务，必须让所有的服务对象参加或接受。服务对象的出勤率必须达到80%以上。④计划要有可操作性。在制订计划时要保证实施计划所需的各种资源和条件的落实。不能等到拿到了项目资金后再考虑落实实施项目所需的资源和条件

对应目标	活动（服务）名称	活动时间	活动内容、形式	参与人数	活动地点	备注
具体目标1	活动1					
	活动2					
	......					
具体目标2	活动1					
	活动2					
	......					
具体目标......	活动1					
	活动2					
	......					
项目创新性	分析本项目与同类项目的区别及本项目的独特性 创新的目的是满足服务对象的需求，提高服务对象的满意度。只要以新的、更好的方式满足服务对象的需求，实现对服务对象有价值的目标，就是创新。可以是产品和服务的创新，可以是市场的创新，可以是生产方式的创新，可以是组织创新，可以是获得资源的新途径，也可以是采取一种新的筹资模式					
风险分析及应对预案	分析项目执行中可能遇到的风险并说明如何应对 每一个项目都有一定的风险。要分析项目实施中可能遇到的风险并说明应对风险的具体措施					
可持续性	分析本项目在资助期结束后持续运作的可能性 可持续性的基础是需求，有需求就有可持续性。可以写这样两句话：①这个项目还有很大的需求；②我们可以继续提出申请，也可以向关注这个项目的其他资助方（购买方）提出申请					

（续）

3. 项目团队介绍					

项目负责人信息

姓名		性别		年龄	
职务		学历及专业		专业资质	
实施同类项目的经历（200字以内）					

机构内部参与本项目的其他团队成员信息

姓名及职务	性别	年龄	学历及专业	项目分工	联系电话

外部支持团队信息

姓名及职务	性别	年龄	学历及专业	专业资质	项目分工

项目沟通机制	写明项目团队将建立何种沟通机制以保证项目的实施

4. 项目经费预算（见项目预算 EXCEL 表）

项目经费预算可以写在项目计划书里，也可以单独写一份，和项目计划书一起递交

最后，在写项目计划书时有几点要特别提醒的：

- 必须有会计和项目执行人参加；

- 要做好充分准备，考虑可实施性；

- 项目的服务对象和服务领域要符合出资方（购买方）的要求；

- 要具备 5 个量化指标：受益人数要量化，实施时间和范

围要量化，经费预算要量化，项目目标要量化，评估指标要量化；

- 所有信息必须真实、准确；
- 做到言简意赅，突出重点、不要出现错别字；
- 要下功夫推敲用词，注意表达的有效性和正确性。

思考题

1. 项目计划书的关键部分是回答哪5个问题？其中最重要的是第几个问题？为什么？
2. 什么是项目的成果？为什么要在项目计划书中体现成果？
3. 什么是项目的目标？一个好的项目目标有哪5个特点？
4. 确定项目评估指标有哪3种常用方法？
5. 制定项目实施计划的基本要求是什么？

CHAPTER 4

——

第四章

如何做好公益项目预算和财务管理

服务机构需要的也不是优秀的人才，而是系统性地从事管理工作以及将自己的精力聚焦于绩效和成果的人。服务机构确实需要提高效率，也就是控制成本，但最亟须的是获得效果，也就是致力于取得正确的成果。[1]162-163

——彼得·德鲁克

一、什么是预算

做公益项目是需要经费的，除了要写项目计划书，还要做项目预算。项目预算是项目计划重要的组成部分。项目预算是一系列有目的的、有序的、在一定期限内完成的某些活动的财务计划。我们实施项目，要实现项目目标，需要开展一系列的活动和服务，而活动和服务的开展是需要经费的。为了保证项目的顺利推进，不但要制订项目的实施计划，还要制订项目的财务计划。只有资金得到保证，项目才能够顺利地推进，所以财务计划对整个项目的实施是非常重要的。

项目的财务预算是用特定的货币作为计价货币来进行编制的。比如我们开展一个项目需要 10 万，这 10 万，到底是 10 万元人民币，还是 10 万美元，还是 10 万港元？不同货币的具体数额是不一样的。在项目预算中，要用特定的货币来计算项目经费。一般情况下，都以人民币作为计价货币。但是有的公益项目的资助方可能是以外币来计价的。比如说一个项目以美元计价，这就存在由汇率的变动引起的风险。如果资助方以外币作为计价货币的话，在制定项目预算时为防止汇率变动引起的风险，可以采取两种办法：

第一种办法是在签订合同的时候加一句话："汇率以合同签订之日的汇率计算。"比如一个项目的预算是 10 万元人民币，如果使用美元做计价货币，就要算出 10 万元人民币折合多少美元。假如美元兑人民币汇率是 1：7.1，就用 10 万元除以 7.1 得出应该是多少美元。但是美元的汇率可能会有变化，为了防止汇率变化的风险，就可以在合同里面写明"以合同签订之日的汇率计价，那么将来就按照 1：7.1 的汇率来支付资助款，这样可以保证实际得到的资金正好是 10 万元人民币。

第二种方法是在合同里面写这样一句话："如果汇率发生变化，差额部分由资助方弥补。"我曾经做过一个汇丰银行资助的项目，当时以港币作为计价货币，港币是与美元挂钩的，后来因为汇率的变化，按照港币计价的话实际上没有达到原来合同所规定的金额，但由于在合同里对差额部分做出了约定，最后汇丰银行弥补了这个项目缺口的 3 000 多元人民币。

二、为什么要制定项目预算

德鲁克指出："预算如今已经远不止是一种财务工具。最重要的是，它已经成为一种管理工具。经验丰富的管理者可以借助预算对所有计划进行组织。预算也是确保把关键资源，尤其是把优秀的人员分配到最迫切需要的、最有利取得杰出绩效的地方的最佳工具。此外，预算也是对全体员工进行整合，特别是对管理者进行整合的工具。预算也可以帮助管理者知道何时应该对计划进行评估和修改。"[16]99 公益项目预算的作用主要体现在以下几个方面：

第一，保证实施项目所需资金的落实。有了预算就可以保证做项目所需资金的落实，可以使项目顺利实施。一般情况下，如果经费没有落实，不要盲目去做项目。上海有一家初创的社会组织缺乏资金，好不容易跟一家企业沟通后，这家企业同意资助 3 万元来做项目。但是双方没有签合同，企业的资金也没到位，项目就开始做了。等项目做到一半的时候，大概花了一半的钱，这家企业的领导发生了变化。新来的领导说这个项目没有签过合同，原来领导承诺的钱，他不同意给了。该社会组织的负责人来找我，问我这件事情应该怎么办。我说这件事情你只能听天由命了！如果新来的那位领导真的不给钱的话，他也没有错，因为双方没有签合同。所以我的观点是，如果资助方是绝对可靠的，我们可以在没有拿到资金的情况下先做项目，否则一般情况下，一定要签合同，有了资金保证，再去做项目。

第二，避免经费滥用或者使用不当的情况发生。根据预算可以对财务行为进行必要的监督，保证资金使用的有效性。我们在做项目时发生的费用需要报销，财会人员就可以按照预算当中经费的用途和金额进行监督，判断费用是否可以报销。这对资金使用的安全性、有效性能够起到很重要的保障作用。

第三，控制项目实际支出与预算之间的差额。社会组织一定要有公信力，公信力的一个很重要的表现，就是说到做到。项目预算和实际支出应该是一致的。有了预算可以更好地保证实际支出和预算的一致性，这也能够很好地反映一个社会组织的公信力。

第四，确保项目的实施和资金使用的一致性，做到专款专用。专款专用是社会组织使用项目经费必须遵守的一个最重要、最基本的原则。有了详细的预算、具体的用途、具体的金额，这样在经费使用时就可以做到专款专用。

第五，项目预算是筹资的依据。有了预算可以使资助方或购买方很清楚地看到为什么需要这些资金和资金的具体用途是什么，这有助于获得资助和购买。

公益项目的预算是非常重要的，我们不但要重视项目计划书的撰写，而且要重视公益项目预算的制定。

三、项目预算的内容

项目预算一般包含三部分内容。

（一）业务活动费预算

业务活动费就是开展项目活动或者提供服务所发生的费

用。这部分是项目的直接成本，也就是在做项目的过程中发生的所有直接费用，包括人员的劳务费、志愿者补贴、培训费、场地费、宣传费、教材费等各种各样的费用。凡是跟做项目直接相关的费用，都要包括在里面。

在业务活动费中，一定要把直接管理和实施项目的人员的劳务费算进来，因为做项目很大的一部分开支就是劳务费。社会组织的从业人员和公务员、教师、医生、护士等一样；都是某个单位的员工，而聘用员工是需要成本的。假定一个项目人员今年的任务就是做这个项目，那么他的工资、奖金、津贴等各种费用肯定要包含在这个项目的预算里面。如果没有这部分劳务费预算的话，就无法承担他这一年所有的薪资福利开销。因此，在做项目预算的时候，一定要把劳务费计入业务活动费。由于受"公益是免费的""公益没有成本"的错误观念影响，现在有些地方政府在购买服务时不给劳务费或者管理费，这种做法是不对的。这种做法无视了社会组织从业人员的劳动价值，会迫使社会组织做假账。

计算劳务费的原则就是如实计算。假如一个项目人员今年只做一个金额较大、需要一天 8 小时投入的项目，那么他的全部劳务费都要计入这个项目的预算。如果是几万元的小项目，就要根据项目人员每天在这个项目中实际投入的时间，把一部分劳务费计入这个项目的预算当中去，这就叫合理分摊。

假如一年做两个项目的话，要根据每天在这两个项目中实际分别投入的时间，确定项目人员在每个项目中分别应该有多少劳务费。

志愿者从事志愿服务是无私的、无偿的、不计报酬的，所以志愿者不能有劳务费。但是志愿者在提供服务的时候也会发生一些费用，例如交通费、饮品费、餐费等，因此志愿者可以有适当的补贴。现在很多地方政府购买服务也认可志愿者补贴。比如，上海等地每个志愿者一天补贴50元，半天补贴30元。各地可以根据当地的实际情况确定志愿者补贴的标准。发放志愿者补贴要做表。比如，举办一次活动，有10个志愿者参加，每人补贴50元，我们就要单独做一张志愿者补贴发放表，把这10个志愿者的姓名、参加活动的时间、地点、工作内容以及补贴的标准写在这个表上，还要有每个领取补贴的志愿者的签字。这张志愿者补贴发放表是可以作为报销凭证的。这里提供了一份志愿者补贴发放表模板（见表4-1）。一次活动或服务的志愿者人数要按照"必须、合理"的原则确定。

表 4-1　志愿者补贴发放表（模板）

项目名称				活动时间			
活动内容				活动地点			
序号	姓名	补贴标准（元）	签收人	序号	姓名	补贴标准（元）	签收人
1		30		9		30	
2				10			
3				11			

（续）

序号	姓名	补贴标准（元）	签收人	序号	姓名	补贴标准（元）	签收人
4				12			
5				13			
6				14			
7				15			
8				16			
合计				合计			
总计	（小写）		（大写）				

经办人：　　　　　　　批准人：　　　　　　　审核人：

日期：

（二）管理费预算

管理费是指在实施项目过程中发生的管理费用，主要包括领导和职能部门人员费用、办公费、水电费、邮电费、物业管理费、差旅费、折旧费、修理费等。管理费是一种间接成本，主要是用于机构项目管理以及和项目没有直接关系的人员的费用。比如机构的领导、会计、出纳或行政人员，虽然不直接参与项目，但他们的薪资福利也需要发放。管理费原则上按照不超过项目总经费的 10% 的标准计算。现在越来越多的地方政府在购买服务时都认可了管理费，有的管理费的比例已突破了10% 的限制，比如现在上海市静安区政府购买服务的管理费可以达到总经费的 15%。但是大家还是要谨记：一个机构如果没有项目人员的劳务费，仅靠 10% 的管理费是无法生存的。项目人员的劳务费一定要列入业务活动费。

（三）税费预算

税费是指项目运营产生的营业税及附加。由于社会组织特别是社会服务机构如果没有免税资格的话是要交税的，在做预算的时候，要根据国家规定的税率编报税费。如果预算里没有税费预算的话，一个 10 万元经费的项目去掉税费，实际的经费就不到 10 万元了。所以，必须把税费计入预算。

必要的时候，项目预算还可以做一个费用预算，叫不可预见费预算。如果要做不可预见费预算，给大家一个建议：最好事先跟资助方或者购买方沟通一下，了解他们是否认可。如果他们不认可，就不要做。如果认可，不可预见费一般不要超过总经费的 2%。

如果申请政府购买服务或者向资助方申请经费，对方有规范的项目预算表模板，就按照模板填写。如果没有的话，可以用本书的项目预算表模板（见表 4-2），也可以按照预算的三大部分内容来做一个项目的预算。

表 4-2　项目预算表模板

	活动内容	用途	单位	单价	数量	说明	金额	备注
分目标 1	1	1						
		2						
	2	1						
		2						
		3						

（续）

	活动内容	用途	单位	单价	数量	说明	金额	备注
分目标2	1	1						
	2	1						
		2						
活动费用小计		¥						
管理费（10%）		¥						
税费（注）		¥						
预算总额		¥						

注：根据国家规定的税率编报税费。

四、项目预算的基本要求

（一）切合实际

切合实际就是实事求是，要根据项目的实际需要做预算，不要弄虚作假。预算里的每一个数字、每一笔费用都要讲得出道理，能够经得起资助方、购买方或者专家的提问，得到他们的认可。比如刚才讲的劳务费，一个项目人员的劳务费到底怎么算？要根据他的工资和在这个项目中实际投入的时间来计算。比如这个项目人员同时管三个项目，就不能把他的工资、奖金、津贴都计入其中一个项目的预算里去，否则资助方肯定不认可。正确的算法是把他的工资、奖金、津贴合理地分摊到三个项目的预算当中去。这就是切合实际。

有些费用的标准，如政策文件有规定的，就按照政策文件的规定办。

我们要做有心人，要了解开展项目所需的各种费用如场地费、授课费、广告制作费、专家费等在当地的水平，包括其他机构做同样项目的费用情况。只有及时、准确掌握各种费用的信息，心中有数，才能使项目预算切合实际。

（二）清晰具体

在项目预算中每一笔开支都要写得清晰具体，在什么地方使用、什么用途、多少金额等，都要写清楚，要避免打统账、打包的做法。比如开展项目，举行一个启动仪式需要一万元，做预算时不能简单写启动仪式一万元，因为这一万元到底用在哪些方面、各方面具体用多少钱都没有清楚地呈现。所以，如果举行启动仪式需要一万元的话，就要把这一万元的详细的用途、购买物品的数量和金额都清清楚楚地列出来，如做背景板、海报、易拉宝，场地费，资料费，矿泉水等，这就叫清晰具体。

（三）预算要涵盖所有的活动

在制订项目实施计划的时候，我一再强调要具体、完整、详细，因为开展活动、提供服务都是需要经费的。如果计划做得很粗略，该有的活动和服务漏掉了，将来项目实施时就没有经费了。实际上预算和项目实施计划里面的活动和服务是一一对应的。活动、服务写得越详细，做预算就越容易。这样也可以让资助方或购买方很清楚地看到资金到底用在什么地方。

（四）有没有其他资金

有时候资助方、购买方希望项目不是完全靠他们的资金，如果社会组织能够有些配套资金或者其他资金一起投入到项目里，得到资助或购买的可能性就更大了。如有其他资金或者配套资金，也要列入预算，并写清楚这部分资金的具体用途。

比如我们做过一个"万名农民工绿色网上行"项目，汇丰银行资助了 84 万元。但我做的预算是 96 万元，因为计划中有一个内容是要为项目建一个网站。建网站是需要经费的，网站建好以后需要人来维护，也需要经费。当时我在跟合作伙伴东方社区信息苑谈合作的时候就提出了建网站的要求。我提出建网站是东方社区信息苑的优势，那么建网站的经费和网站维护人员的费用就由东方社区信息苑来承担，对方也答应了。所以，我把建网站的费用和维护人员的费用 12 万元列入了预算，项目总预算是 96 万元，但是我向汇丰银行申请的经费是 84 万元。

（五）要符合出资方或购买方对经费使用和财务管理的要求

不同的出资方或购买方对经费使用和财务管理的要求是不一样的，一定要按照相应的要求来做预算。比如政府购买服务项目原则上不得用于购买固定资产，也不能直接给服务对象发钱发物品，那么在预算中就不能有购买固定资产或直接给服务对象发钱发物品的开支。如果购买方或资助方对金额有标准，就必须按照标准制定预算。比如规定志愿者补贴一天50元，那么预算里的志愿者补贴就不能超过这个标准。

在这里给大家提一个建议，无论是接受捐赠还是政府购买，在项目签约后、实施前一定要请机构会计或财务负责人，向资助方或购买方要一份书面的经费使用和财务管理的规定，并且要将书面的经费使用和财务管理的规定转发所有的项目合作机构。

（六）要做好审计的准备

公益项目结束后一般都要进行审计，有的是资助方自己审计，有的是委托第三方机构进行审计。因此，在做预算的时候，不但要保证项目经费的使用符合法律法规和财务规定，比如所有的支出都能有可以报销的正规发票和凭证，而且要让预算能通过审计。

比如，做项目有时候需要用场地，会发生场地费，资助方或购买方也同意给场地费。但场地费发票是很难开的，如果开不出场地费的正规发票，即使预算中有场地费，财务人员也不会给你报销。因此，如果要在项目预算中列支场地费，就要保证可以拿到场地费发票。再比如，有一个机构申请项目经费时列支了场地费，资助方也同意给场地费。由于这个项目是在一个社区实施的，社区的领导觉得项目不错，同意免费提供场地，但因为项目是在双休日搞的，领导提出要安排两个人员管理场地，每人发 100 元劳务费。这个机构的项目负责人想："原来场地费需要 800 元，现在两个场地管理人员的劳务费加起来才 200 元，可以啊！"于是他就给了劳务费。但这 200 元劳务费会计是不会给报销的，因为预算当中写的是场地费，而现在要报销的是劳务费，这和预算不一致。即使给报了，将来审计也不会通过，因为审计一定会严格按照预算进行审查。碰到这种情况，有经验的会计就会给你一个建议，在写场地费的时候，如果将来有可能会发生别人免费提供场地而需要支付一定劳务费的情况，费用的用途就应该写场地费和场地管理人员劳务费。写了场地管理人员劳务费，预算有了这个用途，机构就可以支出，会计就可以给你报销，将来审计也能通过。有些社会组织以前在做预算时没想过类似的细节问题，以为反正有这笔经费了，想怎么用就怎么用，实际上不是那么回事。审计一定是严格按照预算中规定的用途和金额来审查的。

特别要提醒的是，做项目预算时一定要有会计参加。第一，会计可以从财务管理的角度来帮你把关，保证所有预算的经费符合财务规定。第二，可以从审计的角度保证项目经费可以报销，保证项目预算能通过审计。

（七）合作伙伴也要参与预算的制定

如果项目和合作伙伴共同实施并且要向合作伙伴支付费用的话，合作伙伴也要参与预算的制定。因为合作伙伴做项目也要发生费用，如果合作伙伴不参与，你做预算费用太低了，合作伙伴做不了这个项目，就不跟你合作；费用太高，不符合实际，资助方可能不同意。所以，合作伙伴也要参与预算的制定是一个很重要的原则。比如，我们机构曾经做过一个汇丰银行资助的对贫困家庭的少年儿童进行艺术教育的项目。这个项目有四个合作伙伴，分别承担电声乐器、舞蹈、合唱和打鼓四种不同的艺术培训。这四种培训需要的课时和费用是不一样的，我给每个合作伙伴规定了培训的人数、培训的要求和经费的上限，先请这四家机构各做一份预算。然后我逐一审核预算是否合理。如果有机构的预算偏高了，我就与其沟通，做必要的调整。我们要达成共识，让其觉得这个预算是合理的、能够接受的。如果对方不接受的话，是不会去做这个项目的。我跟这四个机构沟通商量后，做出了这四个机构都能够接受的合理的预算，然后我再统一汇总，进行平衡，报给汇丰银行一份合理的项目预算。所以，如果是跟合作伙伴一起合作开展项目并发生经费来往的，一定要请合作伙伴参与预算的制定。

最后提个建议，做项目计划和预算的时候，如果有可能，要尽量了解资助方大概可以资助多少，以便我们根据其所资助

的金额，合理确定项目的服务人数，科学制定项目预算。比如
2015 年我们曾经做过一个汇丰银行资助的老年人金融教育项
目，在做项目实施计划和预算的时候，我遇到一个问题，就是
这个项目的服务人数应该定多少，因为人数的多少是跟经费有
关系的。于是我主动与汇丰银行的项目经理进行沟通，了解汇
丰银行对这个项目能够资助多少。当时她告诉我这个项目可以
资助 150 万元，我心里一下子就有底了。后来这个项目我申请
的经费是 154 万元，得到了汇丰银行的批准。最后确定服务对
象为 3 万人，就是按照汇丰银行可以提供的资助金额确定的。

五、项目财务管理的要求

（1）要符合政府的法律法规以及资助方（购买方）对项目
经费使用和财务管理的要求。

（2）必须执行《民间非营利组织会计制度》，遵守组织内
部的政策和财务制度。

（3）做好项目的账务处理。

1）会计核算。项目实施机构须为项目设立专账独立核
算，账目与机构其他费用开支应明确区分。对发生的每笔收
入、支出、费用、成本，应当在当月及时办理会计核算手续，
不得积压和跨月。具体账务处理如下。

收到项目款时，设立科目为"提供服务收入——限定性收入——政府购买服务——×××项目收入的明细账"（政府购买服务的主体可以是政府部门、工会、共青团、妇联、残联等）。

会计分录为：

借：银行存款

　　贷：提供服务收入——限定性收入——政府购买

　　　服务——×××项目

项目发生费用时，设立科目为"业务活动成本——限定性支出——×××项目费用专账"，在该专账下设立业务活动费、管理费、税费、其他费用等明细账，在这些明细账中再根据项目实施计划和预算以及实际执行内容归集分类，以多栏账形式进行核算。

以现金支付社工补贴为例，会计分录为：

借：业务活动成本——限定性支出——×××项目

　　费用——业务活动费——社工人员经费

　　贷：现金

项目实施中必须购入固定资产的，则只承担项目当年固定资产折旧费，并应加强固定资产的登记入账管理。

会计分录为：

借：固定资产

　　贷：银行存款

每月按规定提取折旧，会计分录为：

借：业务活动成本——×××项目费用——其他费用

贷：累计折旧

2）编制项目收支报表。项目收支报表应在每月10日前上报资助方（购买方）。

3）编制项目收支决算表。项目收支决算表应在公益项目全部完成的当月上报资助方（购买方）。

（4）项目的列支手续。

1）原始票据列支。原始票据的内容应当要素齐全，包括单位名称、经济业务内容、数量、单价和金额等要素。原始票据的列支应当有经办人、证明或验收人、批准人的签字等审批手续。严禁列支各类购物消费卡票据和业务内容"模糊"的票据。组织资产记录、原始凭证必须完好保存，不能被滥用或损坏。

2）物品购买列支。物品购买列支要附购物清单，要注明具体活动项目用途，并有经办人、验收人、批准人签字的审批手续。物品要有专人登记管理，对于经常发生或数量金额较大的物品，要办理出入库手续，购入时要填写入库单，领用时要填写领用单。发票抬头须与机构名称完全一致。物资购买无正规发票不得入账报销，不得使用替票，财务审核一经发现将收回该笔资金。

3）补贴发放列支。志愿者补贴、社工补贴、专家讲师的培训讲课费等的发放要制表造册，并有领取人、经办人和审核人的签字，附上领取人的身份证号及联系方式。项目专职人员已有专职补贴的不得重复领取其他类补贴；专家、教师及社工不得在同一活动中重复领取志愿者补贴。列支时要附活动项目的补贴等费用发放依据，包括专家和教师上课考勤登记表、志愿者上门服务记录单和受助人员的回馈记录单、主题活动举办小结记录或参加人员签到记录等。

4）重要或较大业务的经费列支。针对符合项目预算及实际支出的场地租赁、车辆租赁、资料印刷、购买演出服等重要或较大业务的经费支出，应事先签订规范化协议或合同，明确双方权利、义务和费用，列支要附相应的协议或合同。资金支付严禁现金交易。

（5）做好项目经费的日常管理。

1）核算管理。和资助方（购买方）签约的机构是项目核算的主体，与项目相关的各项收入和成本费用均应在签约机构统一核算反映。对确需合作机构共同实施的项目，要和合作机构签订合作协议，按照协议划拨经费。如果资助方（购买方）不同意直接给合作机构划拨经费，签约机构不得将项目款直接拨付给合作机构，而应采用备用金制度，由合作机构将发生的成本费用（包括相应的发票、签收单等原始凭证）集中报送签约机构，经审核同意后，由签约机构列支、核算。

2）预算执行管理。按项目建专账，资金应当坚持专款专用。在项目实施过程中，应严格按项目计划书和批准的项目预算执行。除下列原因外，不得随意变更或者终止项目预算。

①在项目实施过程中，因计划不周或物价波动等原因，项目内容发生变化，必须进行项目预算调整的，签约机构应当事先向资助方（购买方）提交预算调整申请报告，并按其出具的批复意见进行调整。未经资助方（购买方）同意，不得擅自变更项目预算。

②因不可抗力等原因，无法继续履行合同实施项目的，应当向资助方（购买方）提出终止申请。经核实后，未履行合同的项目资金按原出资渠道全额退回。严禁擅自向他人转让项目。

思考题

1. 什么是项目预算？为什么要制定项目预算？

2. 项目预算的内容有哪些？

3. 项目预算的基本要求有哪些？你们机构以前在制定项目预算时存在哪些问题？如何改进？

4. 项目财务管理的基本要求有哪些？如何完善机构的项目财务管理？

第五章

公益项目如何筹资

一般的非营利组织仅仅是告诉捐赠者："我们需要您的帮助。"但那些能够取得有效成果的组织，即那些能够有效地吸引和建立基金群体的非营利组织则会说："这是您需要的，这些是通过您的帮助取得的成果，这是我们为您做的事情。"它们把捐赠者当作客户。要制定有效的战略必须先了解对方。[4]100-101

——彼得·德鲁克

一、筹资是社会组织的一项核心工作

（一）社会组织项目资金来源的渠道

社会组织要实施项目开展服务，要能够生存发展，是需要资金的。社会组织项目资金是要靠自己去筹措的，筹资关系到社会组织的项目能否成功实施。社会组织不仅要做好项目资金的筹措，还要做好对资金的监管，保证资金使用的规范性、有效性和安全性。

社会组织项目资金的来源主要有这样几个渠道：

第一，政府购买。现在我国政府也加大了购买服务力度，社会组织有更多机会从政府那里争取项目资金。

第二，社会捐赠。捐赠可以是个人的，可以是企业的，也可以是基金会的；可以是国内的，也可以是国外的。

第三，服务收入。社会组织是非营利的，我们对"非营利"要有一个正确的理解。"非营利"是指社会组织的性质，社会组织的经营活动不以营利为目的，这也是社会组织和企业的最主要的区别。但是非营利不等于不能营利。对有支付能力的服务对象，社会组织可以提供他们需要的服务，从而获得收入。国外有些优秀的非营利组织的服务收入可以达到15%～20%。要想获得服务收入，实际上对社会组织的项目和能力提出了更高的要求。

第四，投资收入。为了使资金保值、增值，社会组织（主要是慈善组织）也可以投资，获得投资收入。2024年9月5日正式施行的修订后的《中华人民共和国慈善法》明确规定，慈善组织是可以进行投资的。当然我国对慈善组织的投资有具体的要求和规定，慈善组织应当遵循合法、安全、有效的原则，投资取得的收益应当全部用于慈善目的。慈善组织的重大投资方案应当经决策机构组成人员三分之二以上同意。政府资助的财产和捐赠协议约定不得投资的财产，不得用于投资。慈善组织的负责人和工作人员不得在慈善组织投资的企业兼职或者领取报酬。

此外，社会团体的会费、社会组织不动产的物业费等，也是社会组织项目资金的来源。

一个社会组织必须了解项目资金的来源有哪些渠道，努力做到项目资金来源的多元化，这将有助于机构健康、持续发展。

（二）破除影响筹资的思想障碍

在跟一些社会组织的接触过程中，我认为要做好筹资，还需要破除影响筹资的一些思想障碍。现在很多社会组织知道资金的重要性，也想做好筹资，但是由于认识上的一些误区或者思想障碍，它们的筹资工作开展得并不顺利。

影响筹资的思想障碍，主要有两个方面：

第一，畏难情绪或者羞于要钱。有很多公益伙伴总觉得筹资很难，做起来很不容易。他做都没做，就先有畏难情绪，感到害怕。有的人总觉得筹资好像是跟别人要钱，是乞求别人的恩赐，所以感到难为情，不好意思开口。还有的人不知道怎么跟别人沟通交流，怎么样提出筹资的要求，怎么样回答别人在筹资当中可能会提出的各种问题，心里没底。在这些负面情绪的影响下，有的伙伴尽管想筹资，但是迈不开步子，张不开口，没有行动。筹资是需要一些技巧和能力的，我们可以通过不断的学习、不断的实践、不断的积累来增加这方面的经验。但要做好筹资，首先要打消畏难情绪，克服害怕的心理，不要把筹资误认为是向别人要钱，感到不好意思。

第二，害怕拒绝。这种想法在做筹资的人中间比较普遍。他们担心向资助者提出筹资要求，万一别人拒绝了，自己没有面子，下不来台。实际上这种害怕拒绝的心理也是没有必要的，因为筹资是帮助捐赠者去实现他的意愿和价值，是帮助他把资金能够更好地用在出成果的地方，是替捐赠者完成他所不能够完成的事情，是互利互惠的。沃斯·乔治在《非营利组织理事会的无畏劝募》一书中是这样看待劝募遭拒的。"'不'可以代表不同的意思，不过正如那些成绩斐然的销售人员所一再重复的那样，'不'绝少是针对筹资人员本身的。'不'可能意味着不是现在、不是这个数额、不要用现金、不是为了这个项目，或者是要等到我（捐赠人）满意为止。当你担起了风险，向潜在的捐赠人提出劝募要求却遭到拒绝时，不要失望。不要觉得尴尬而草草结束会谈。相反，你要继续下去。要找出潜在捐赠人拒绝的原因到底是什么。如果志愿者不冒一下风险，犯一些错误，那么他们就永远不会有机会学习、成长。敬畏的代价太高了！它可以阻止你找到并赢得支持者。"所以，要想做好筹资，需要怀有一颗平常心。即使遭到拒绝，也没什么了不起。有时候，拒绝也不等于别人就不给你资助了。我们首先要勇于提出筹资的要求，以平和的心态去对待别人的拒绝，心态平和也有助于做好筹资工作。在学习筹资的技巧、方法之前，首先要提高认识，增强信心，破除思想障碍，这样才能迈开脚步，张开嘴巴，做好筹资工作。

二、筹资的基本步骤

无论是向个人筹资，还是向基金会、企业筹资，一般来讲，都有这样六个步骤，即筹资的基本步骤。永亚公益咨询公司创办人卢咏在《公益筹款》一书中详细介绍了筹资的六个基本步骤，见图 5-1。

第一个步骤是研究潜在捐赠者。我们需要通过调查研究掌握信息来分析哪些人是有可能给我们捐款的。

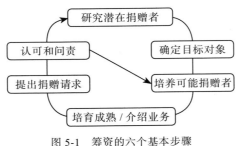

图 5-1　筹资的六个基本步骤

资料来源：卢咏 . 公益筹款 [M]. 北京：社会科学文献出版社，2014.

第二个步骤是确定目标对象。就是通过评估分析，在若干个潜在捐赠者当中确定最有可能给予捐赠的对象，即哪一个是我们要重点去沟通、联系、向他争取筹款的对象。

第三个步骤是培养可能捐赠者。确定对象以后，我们就要跟他沟通，跟他建立关系，培养感情，使他将来有可能为我们机构捐款。

第四个步骤是培育成熟 / 介绍业务。我们跟目标对象建立了关系，有了感情以后，在条件成熟的时候就要向他介绍机构的业务和项目，让他对我们有所了解。

第五个步骤是提出捐赠请求。就是向可能的捐赠者提出捐赠的请求。方法很多，可以通过电话、邮件、面谈、网络平台，也可以通过一些专门的筹款活动。对于金额较大的捐赠，还是需要面对面的沟通，这种方法更为有效。一般来讲，在提出捐赠请求时，要准备和递交一份项目计划书（申请书）。

第六个步骤是认可和问责。认可就是要对捐赠者的捐赠行为给予肯定和鼓励，要向他们表示感谢。问责是慈善公益一个核心的问题。所谓问责就是社会组织履行对捐赠者的承诺，也就是说要按照捐赠者的意愿来使用善款，这也是公信力的问题。认可和问责反过来又会影响到捐赠者会不会继续向我们提供捐赠。如果做好了认可和问责，就会提高捐赠者对我们的认可度和满意度，他就有可能持续给予捐赠。所以，认可和问责这个步骤在整个筹资中是非常重要的一个环节。但这也是目前社会组织普遍比较忽视和做得不够的地方。

通过以上六个基本步骤的分析，可以看到筹资不是"一次性"的行为，而是一个循环往复的过程。当一位捐赠者向机构捐赠第一笔资金后，如果我们做好了认可和问责，他就有可能持续捐赠，甚至成为大额捐赠者。筹资的基本步骤也称为对潜在捐赠者的管理，在国外称为"移动的管理"。通过这样一种移动的管理，我们的筹资工作可以顺利地进行。在这个过程中，筹资的核心就是要了解潜在的资助者，和他建立关系，取得信任、培养感情，让他最后能够采取给我们捐赠的行动。

三、寻找和确定潜在的资助者

（一）你需要知道什么

公益项目要想筹资，我们首先要寻找和确定潜在资助者。在寻找和确定潜在资助者的时候，需要了解以下一些信息：

第一，资助者的使命、远见、理想以及捐赠意向。也就是说，我们要知道资助者对什么样的项目、什么样的服务对象感兴趣，要了解他的资助意愿和关注的领域。

第二，要了解资助者以前曾经资助过什么项目。如果我们的项目跟他以前资助过的项目一致的话，那么得到资助的可能性就会增加。

第三，要了解资助者的资助能力。如果我们提出的资助要求超过了他的能力，就不一定能成功。

第四，要了解资助者对项目申请书的内容、格式以及时机的要求。资助者有规定的申请书模板和格式的，就按照要求填写。没有的话，可以按照规范的申请书模板填写。要在资助者规定的时间内递交项目申请书。

第五，要了解资助者的决策程序。不同的资助者的决策程序是不一样的，有的是要理事会讨论决定；有的是由专门的决策审批委员会讨论决定；也有的是机构的秘书长、主任就可以决定。了解资助者决策的程序，有助于提高筹资的成功率。比如，汇丰银行每个季度召开一次董事会讨论资助项目。如果我们一个项目必须在 9 月份实施，就要争取在汇丰银行第二季度的董事会上讨论。要是项目在汇丰银行第三季度的董事会上讨论同意的话，即使拿到钱，项目也会因错过时间而无法实施。

第六，要了解在决定资助这个问题上谁是关键角色。比如我们机构有一个非常重要的资助方就是汇丰银行，汇丰银行的资助是由汇丰银行慈善基金会的董事会讨论决定的。但在董事会讨论以前，秘书长这个角色就非常重要，如果秘书长不同意你这个项目，不把这个项目提交给董事会的话，再好的项目也没有机会获得资助。因此，要想获得汇丰银行的资助，非常重要的一步就是要让项目能够得到秘书长的认可。所以，在与汇丰银行的沟通中，秘书长就是一个关键的角色。

第七，要了解什么时候应该开始跟资助者联系。一般来讲，一家基金会或者一个大中型企业的社会责任（CSR）部门，每年的资助计划一般在年底或年初就已经制定和落实了，你如果有好的项目在八九月份才提出申请，可能很难成功，因为它今年的资金已经安排完了。但是如果在年底的时候，在它正准备制定明年的资助计划的时候，提出一个好的项目的申请，那么得到资助的可能性就非常大。

上面讲的这些信息，对我们如何去找到合适的潜在资助者是非常重要的。

（二）如何获得资助者的信息

要寻找和确定潜在的资助者需要了解和掌握很多信息，我们可以从哪些渠道获得有关资助者的信息呢？

第一，网络。现在互联网非常的发达，资助者会利用互联网发布各种资助的信息。很多有众筹资质的互联网平台也会经常发布一些众筹的信息，比如腾讯公益每年开展的"99公益日"。如果了解了这个信息，就可以利用这个网络平台进行项目筹资。

第二，新闻媒体。新闻媒体上面会有大量关于资助者的一些信息，资助者资助过哪些项目、对什么样的项目感兴趣、捐赠的数额等信息都可以在新闻媒体上找到。

第三，商业刊物。不少商业刊物会报道在做公益和履行社会责任方面表现出色的企业的事迹，也会刊登一些企业和个人捐款的排行榜，从中我们可以获得一些信息。

第四，关系网络。比如我们机构跟汇丰银行有20多年的合作关系，如果你想向汇丰银行申请经费，就可以通过我们作为中间人，帮助你和汇丰银行建立联系。

第五，其他社会组织。一般来讲资助者对好的公益项目是希望推广、复制的。比如，甲社会组织实施了一个很好的项目，资助者也希望能够推广，如果这个项目在某地也有需求，而且该地的乙社会组织也有能力实施这个项目，那么乙社会组织就可以通过甲社会组织向有关资助者提出申请，争取得到资助，把这个有需求的项目在当地实施。

第六，各种跟慈善公益项目和筹款有关的活动，比如论坛、研讨会、讲座、交流会、沙龙、培训等。通过这些活动，去发现和寻找潜在的资助方。

第七，理事会。因为理事会成员的一个非常重要的职责就是要给机构带来资源。像我们机构有很多项目的筹款就通过理事会成员提供的线索，最后找到了合适的资助者。

第八，服务对象和志愿者。服务对象从我们的项目中受益了，也会推荐一些合适的潜在资助者。志愿者参与了我们组织的一些项目和活动，如果认同我们的使命、价值观和项目，也会利用自己的一些关系和渠道推荐一些合适的潜在资助者。

总之，获得资助者信息的渠道和方式还是很多的。但是不管用什么样的方式，通过什么样的渠道，信息都是要靠人主动去收集，"主动"对成功筹资是非常重要的，因此做筹资的人一定要做一个有心人。

（三）影响公益项目资助的主要因素

这里我想提一个问题：如果你是一个资助者，愿意资助什么样的公益项目？我们要了解影响公益项目资助的主要因素。资助者是社会组织的重要支持客户，作为客户，资助者是有需求、有期望的。只有满足他们的需求，才能得到资助。

影响资助的主要因素有这样几个方面。

第一，社会组织的公信力。公信力是赢得公众信任的能力，公信力和筹资有非常密切的关系。捐赠的基础是信任，资助者不可能资助没有公信力的社会组织的项目。

第二，社会组织的使命是否清晰、明确。客户是为结果、为目标买单的。很多资助者，特别是一些大的基金会在跟一家社会组织签订资助协议之前，为了规避风险，要对社会组织做一个尽职调查。我们机构曾经也接受过一家著名基金会对我们的尽职调查。这家基金会发来一份邮件，要我们回答二十几个问题。第一个问题就是：你们的使命是什么？如果社会组织没有使命，或者使命不清晰，他们就不资助了。所以，要想得到资助，必须有清晰的使命。如果一个社会组织没有使命，或者使命不清晰，这也会影响资助者的资助。公信力决定有没有钱，使命决定有多少钱。

第三，社会组织的能力和业绩。社会组织过去做过哪些项目，有哪些业绩、哪些成果，这也是资助者非常关注的。

第四，项目的服务对象和服务领域要跟资助者的意愿、目标相一致。不同的资助者所关注的服务对象和服务领域是不一样的。如果项目跟资助者所关注对象和领域相一致，得到资助的可能就会更大。

第五，项目可行性、创新性以及项目成果。这也是资助者非常关注的问题。一般来讲，资助者都喜欢创新的、有成果的项目，因为资助者要看到他的资助给服务对象带来的变化和收益，而不仅仅是搞了多少活动、服务了多少人。社会组织要在项目计划书中体现项目成果，要有取得项目实际成果的执行力。

第六，预算合理，资金使用公开、透明、规范。如果项目预算合理，性价比高，资金使用公开、透明、规范，能够符合资助者的意愿，这也有助于得到资助者的支持。

当然还有其他一些因素。比如，有的资助者希望能够得到必要的宣传，以扩大其社会影响力；也有的资助者希望资助的项目能够提供一些自己员工参加志愿服务的机会，促进企业文化建设。如果能做到这些，他可能更愿意资助。

总之，要想得到资助者的资助，必须把资助者当作客户，必须了解和满足他们合理的需求和愿望。

四、如何与潜在资助者建立关系

第一，要做一个有心人，要主动获取相关的信息。"主动"这两字对做好筹资非常重要。几年前，我应邀参加过一个企业家举办的活动，活动是为到上海参加夏令营的广西师范大学的贫困女大学生举行的一个欢送晚宴。那天晚上坐在我旁边的是一家外语培训机构的校长，一位 30 多岁的年轻人。在跟他的交流中，我发现这个校长很热心慈善公益，也参与过一些慈善公益活动。当时我向他介绍了我们机构和正在做的社会组织能力建设培训，以及社会组织能力建设的重要性。我的介绍引起了他的兴趣，因为他们也是搞教育的，而我们做能力建设，都是授人以渔。当时我主动与他交换名片。他跟我讲，徐老师，我回去考虑考虑。第二天，我又主动打电话跟进，问他是否有兴趣资助我们的项目。他说徐老师你来一趟。我到了他的办公室，详细介绍了我们的项目。最后，这位校长同意资助 7 万元用于社会组织能力建设的培训。如果当时我不是主动地去提出这样的要求，这件事情一定不会成功。

第二，在跟资助者会面以前，要多了解一些相关信息，这样见面的时候就会显得自然大方，沟通也就更加容易了。比如，我们机构在 2004 年准备从北京一家机构引进美国全球创业指导基金会（NFTE）创业培训课程，我和该机构的董事长邵明路先生约好利用他到上海出差的机会见面商讨项目合作事宜。我和邵先生没见过面，但事先通过一些关系了解到邵先生原来是一个北京知青，曾经在陕北插队落户。我曾是上海知青，在黑龙江生产建设兵团上山下乡。当我和邵先生在上海见面时，我没有跟他谈项目合作的事情，而是先跟他聊知青的经历和上山下乡的情况。我们俩一下子就产生了共鸣，谈得很投机。感情融洽，有了信任，谈项目合作就有了基础，我们很快达成了合作。

第三，资助者通常喜欢创新又可行的项目。因此，在申请资助时，要尽可能拿出一些创新的、既有社会需求又有成果的项目，提高资助者对我们项目的兴趣，这样得到资助的可能性也会大大提高。比如，1999 年以来我们先后向汇丰银行申请过 11 个公益项目，之所以能够全部得到了资助，其中一个重要原因就是这些项目全部是创新的项目。

第四，在跟资助者沟通之前，可以尽量通过熟悉的人与其建立联系，这样可以减少一些陌生感。我们想跟资助者联系时，可以找一些既了解我们又了解资助者的熟人，通过熟人的牵线，我们和资助者建立联系会更加顺利。

另外，跟资助者沟通的方式也非常重要。沟通方式有很多，可以面谈，可以打电话，可以发微信消息，也可以发邮件。在实际生活中，不同的资助者喜欢的沟通方式是不一样的。有人喜欢直接面谈，有人喜欢发邮件，还有人喜欢打电话。所以，要了解资助者对沟通方式的不同要求，要尽量采用他们喜欢、能够接受的沟通方式。

第五，跟资助者建立联系，要有耐心和恒心。耐心和恒心是跟资助者建立关系的重要条件。做筹款实际上就是一种沟通，而沟通是需要花时间的。有的时候不是谈一次就能赢得别人的理解和信任，就能成功的。因此，我们要多花点时间，要有耐心，即使被资助者拒绝，也不要轻言放弃。

第六，只讲一次是不够的。有很多做项目筹资的人往往希望沟通一次就能成功，最好提出要求以后，资助者马上能够答应并采取行动。实际上这个想法不太现实，要想成功筹资，光讲一次是不够的。

如图 5-2 所示，里面有四个概念：知晓、理解、态度、行动。这四个概念实际上是资助者采取资助行动的四个阶段。

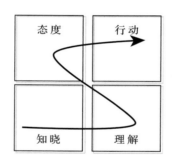

图 5-2　资助者采取资助行动的四个阶段

第一，知晓。资助者首先要知道一些基本信息。比如：这是什么项目，为什么要做这个项目，项目服务对象是谁，项目有什么样的结果，机构是否有公信力，有没有执行力等。

第二，理解。知道相关信息之后，资助者就会理解，这个项目非常重要，很有意义，会给服务对象带来收益和改变，值得资助。

第三，态度。理解了以后资助者就会表明态度——同意资助。比如："由于是第一次合作，根据项目计划书和预算先资助 10 万元。"

第四，行动。有了同意资助的态度，资助者最后会采取行动，比如开出支票，资助这个项目。

资助者采取行动，必须经过知晓、理解、态度和行动这样四个阶段。从知晓到采取行动的过程，有时候时间可能长一点，有时候时间可能短一点。比如资助者第一次跟一个机构打交道，可能需要花点时间来了解这个机构的基本信息，了解机构的工作能力，了解资助的项目，时间就要长一点。如果资助者跟一家机构已经有比较长时间的合作了，大家彼此都很熟悉、很了解了，这个时间可能就短一点。总之，不管时间长短，资助者要做出捐款的决定，一定会有这样四个阶段，见图 5-3。

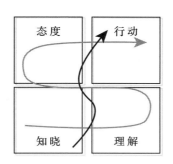

图 5-3　不同资助者做出资助决定的时间不同

所以，筹资人一定要有耐心，要让资助者有时间去思考，去理解，去做判断。同时，还要能在很短的时间内讲清楚申请资助的理由，能引起资助者的兴趣，让资助者产生资助的愿望，最后同意资助。

了解沟通的过程，对筹资人做好自己的工作，更有效地去跟资助者沟通，争取得到资助，是很有帮助的。我们千万不能急于求成，期望一次成功。

五、常见的项目筹资方式

项目筹资方式有很多种，现对一些主要的、常见的方式做一个介绍。

（一）组织、举办筹款活动

这是项目筹资的常用方法。筹款活动的形式丰富多彩，包括：

（1）社交活动，包括捐赠物品拍卖会、义卖会、展览会、慈善晚宴、沙龙、周年庆典活动等。

（2）文艺演出活动，包括慈善音乐会、舞会、文艺晚会、时装表演、电影首映式。比如北京爱的分贝公益基金会组织、由中央电视台著名主持人参加的朗诵会，为贫困聋哑儿童植入人工耳蜗项目筹款。

（3）体育活动，包括慈善慢跑，篮球、足球、乒乓球、羽毛球比赛，骑行健身活动，游泳比赛，趣味运动会等。

（二）企业冠名

随着企业社会责任意识的增强，现在越来越多的企业愿意做公益，社会组织开展公益项目可以用企业冠名的方式来向企业筹资。

（三）名人效应

可以利用社会上一些明星或者一些有影响力的人物，来帮助我们筹款。广州番禺区以伴青少年发展中心是一家以"提高青少年生存能力"为使命的社会服务机构，成立以来利用各领域 300 多位有 100 万名以上粉丝的正能量名人为其项目筹款。2023 年筹款额超过 500 万元。再比如，上海市慈善基金会和上海东方卫视、上海市精神文明建设委员会办公室合作过一个节目叫《闪电星感动》。有一个家庭贫困、患先天性心脏病的孩子，需要 15 万元去动手术。节目组邀请来一位著名电影演员，这位演员用一支钢笔，通过不断的物物交换，最后筹到了 15 万元手术费。节目组拍摄了物物交换的全过程，并在电视台播出，起到了很好的传播慈善文化的作用。

（四）设立专项基金

设立专项基金有以下几种形式：

（1）基金会自主发起设立。基金会可以单独决定设立某个基金，并明确其专门用途。

（2）发起人发起设立。基金会与其他主体合作，由后者发起设立专项基金。此类专项基金设立程序遵循基金会与发起人签署的"专项基金发起协议书"，在起始资金额、设立程序、资金使用和管理办法等方面有具体规定。此类专项基金的名称由基金会与发起人共同商定。

（3）企业定向捐赠设立。由社会组织与企业或团体合作，获得其捐赠资金而设立专项基金。此类专项基金设立之初有明确固定的捐赠方，而社会组织是通过捐赠方的一次或连续捐赠获得资金，且只以这些资金设立专项基金，捐赠方还享有冠名权，因而也称"冠名基金"。

没有公募资格的社会组织，可以在有公募资格的基金会或者慈善组织下面设立一个专项基金。这个专项基金可以按照捐赠方的意愿使用经费。除了可以接受特定资助方的捐赠外，它也可以向社会公开募集资金，扩大专项基金的来源。

（五）网络筹资

随着互联网和信息技术的快速发展，利用数字传媒工具进行宣传、筹款，已成为很多社会组织的一种新型筹资方式。具体来讲，可利用的筹资工具主要有：

（1）互联网。利用民政部批准的网络捐赠平台，发布社会组织的项目信息和筹资宣传广告，可实现在线实时募集资金。

（2）电子邮件。即向筹款对象发送电子邮件，请求对方捐款。

（3）微信和短信。

（4）数字和纸质媒介。通过在电台、电视台播放公益广告、宣传片以及在报刊上发布筹款信息、刊登项目故事，呼吁社会公众给社会组织捐款。山东泗水县微公益协会2016年以来通过腾讯公益、支付宝公益、字节跳动公益、淘宝公益、益宝公益、京东公益等线上筹款平台筹款超过了3 000万元。

（六）政府购买

政府购买是一种非常重要的项目筹资方法，也是社会组织的一个重要资金来源。现在政府一再强调要加大购买服务的力度，要优先向社会组织倾斜，而且购买服务的力度越来越大，这对社会组织是一个好消息。

（七）个人劝募

个人劝募就是筹资人主要利用亲戚、朋友、熟人等私人关系，通过沟通交流、表达需求、请求帮助，说服潜在资助方进行捐款，常见的形式有月捐和日捐。月捐就是捐赠人每个月固定捐一笔钱，比如每月100元或200元。日捐就是捐赠人捐出一天的工资。湖南省大爱无疆青少年公益发展中心的"逆风飞翔·事实孤儿同行计划"项目有5 400多名月捐人，年度月捐总额超过170万元。

总之，项目筹资的方式是多种多样的，每个社会组织要根据机构的实际情况，根据不同的项目、服务对象、服务领域、筹资需求，采取合适的筹资的方式。资金来源要多元化，筹资的方式也可以多元化。有一点是要特别提醒的，就是按照《中华人民共和国慈善法》有关规定，不具有公开募捐资格的组织或者个人基于慈善目的，可以与具有公开募捐资格的慈善组织合作，由该慈善组织开展公开募捐，合作方不得以任何形式自行开展公开募捐。具有公开募捐资格的慈善组织应当对合作方进行评估，依法签订书面协议，在募捐方案中载明合作方的相关信息，并对合作方的相关行为进行指导和监督。

对社会组织来说，项目筹资是一项较为复杂的、专业的活动，需要制订切实可行的计划，采取合适的策略，具备有能力的团队或人员，这些都是筹资前必须做好的准备工作。成功筹资就是要让合适的人，在合适的时机，以合适的方式，向合适的潜在资助者，为合适的公益目标，提出合适的捐赠请求。这是做好筹资应当遵循的"六大合适"原则。

六、获得资助以后应该做什么

获得资助以后应该做好对资助者的认可和问责，这是筹资中非常重要的一项工作。这项工作做好了，有助于我们得到持续的资助，包括扩大资助者队伍。但这也是现在社会组织做项目筹资时，容易忽视或者做得还不够的地方。

获得资助以后，我们应该做到：

第一，要履行对资助者的承诺。这是社会组织公信力的重要表现。我们在签协议前一定要想清楚承诺的东西能否做到。如果做不到，就不要随意写进协议里，写进去了就必须坚决按照协议来履行。

第二，要对资助者表示感谢。这是一种态度、一种诚意，是对资助者的尊重和认可。表示感谢的方式很多，口头的、书面的、打电话、发邮件都可以，但是一定要有感恩之心和真诚感谢的态度。如果是大额的捐款或者是第一次得到的捐赠，最好由机构的主要负责人当面向资助者表示感谢。

第三，要把资助款用到实处。要尊重资助者的意愿，按照他的意愿来使用捐款，千万不能擅自变更用途。

第四，要精心组织项目的实施。这里讲的"精心"，就是要做到认真负责、一丝不苟、追求卓越，这样才能够保证项目的质量。

第五，要及时向资助者沟通、反馈。有的社会组织往往是在项目结束后才给资助者写一个报告，这个做法不妥当。资助者非常希望了解项目的进展情况，特别是希望看到项目实施以后的成果。所以我们要主动跟资助者保持联系、沟通，及时反馈项目的进展情况和项目成果。

第六，要邀请资助者参加和项目有关的活动，跟服务对象接触，进行实地考察，参与项目的评估。这对资助者更好地了解项目的实施情况和项目成果是非常有好处的。比如我们在做汇丰银行资助的公益项目时，每次都邀请汇丰银行有关领导或者项目负责人参加项目启动仪式和相关活动，到现场跟服务对象接触，请服务对象谈参加项目以后的体会、收获，请用人单位谈汇丰银行资助的服务对象在企业的表现。汇丰银行看到资助的项目能顺利实施并且很有成效，感到非常满意，很愿意持续提供资助。

第七，要对资助者进行必要的宣传。虽然很多资助者捐款不是为了出名和被宣传，但我们还是应该千方百计做好必要的宣传工作。这不仅仅是宣传资助者一个机构、一个企业，更主要是弘扬他们的善举和社会责任感，这对调动资助者的积极性，激励他们持续捐赠是很有好处的。

七、项目筹资总结

德鲁克指出："如果某一非营利组织只顾资金筹集，则意味着会陷入严重的困境和定位危机。筹措资金的战略目的恰恰在于使非营利组织能够致力于使命，而不是本末倒置，让使命屈从于资金的筹措。"[4]57

为了做好项目筹资，一个社会组织需要努力做到以下几点：

第一，要有清晰的使命和明确的劝募目标。

第二，要和资助者建立长期的关系，并且促使他们加强对我们的支持，使之成为能够为社会组织长期捐赠的捐赠团体。

第三，要通过市场研究，了解资助者这个重要的支持客户和合作伙伴的需求。同时，要努力满足他们的合理需求。

第四，要关心、善待和培育资助者。

第五，要根据资助者的能力提出资助的要求。如果提出太高的要求，或者是资助者力所不能及的条件，也很难达到资助的目的。

第六，要及时向资助者做好信息的反馈和成果的分享。

第七，要建立强有力的理事会。要充分发挥理事会在项目筹资中的重要作用。

第八，要加强对员工和志愿者的培训。因为筹资是机构每一个人的工作。

第九，要建立和发展自己的核心竞争力。社会组织只有具备自身优势和核心竞争力，才能更好、更多地得到资助者的信任和资助。

第十，要有专业的、良好的沟通能力。这对做好与资助者的沟通、交流并建立和维持关系是非常重要的。

第十一，要精心组织项目的实施，做好项目的管理和规范的运作，注重项目成果。

第十二，要认真做好项目的财务管理，做到规范、公开、透明、合法。严格按照资助者意愿和要求使用经费。

第十三，也是最后一条，要有选择地接受捐赠。接受的捐款要与社会组织的使命相一致。

要做好项目筹资，必须加强学习，不断提高自身素质，提高专业能力和专业水平。除了学习筹资方面的知识外，也需要学习别人的成功经验。

最后，跟大家分享著名的筹款专家金·克莱恩的宝贵经验。他结合自己多年做筹款的实践和体会，提出了做好筹款的十个要点。

第一，要主动出击。

第二，收到善款后应该立刻书面致谢。

第三，捐助者不是自动提款机。

第四，多数的捐助者是普通大众，而非富人。所以，在捐款的过程中，不能只是眼睛盯住少数富人或者有钱的基金会，要面向普通大众。

第五，人们有拒绝的权利。

第六，一个优秀的筹款人还需要三个性格特点：一是坚信所为之筹款的事业，当失败、觉得工作单调乏味、经济不稳定的时候仍然坚定信念；二是心态平和，具有很高的向往和很低的期望可以使你保持愉悦不失望；三是要相信人性本善。

第七，筹款不能与追逐资金、紧缩资金与囤积资金混淆。

第八，筹措资金是一种交换。资助者通过资助项目来实现他们自己不能够独立完成的工作。这一点特别重要。要从资助者那里得到资金，我们一定要想一想拿什么东西跟他们交换。如果我们的东西不是他们需要的或者他们认为没有价值，他们是不会捐助的。这就需要我们了解资助者的需求，做到互利互惠、公平交易。

第九，人们对筹款的忧虑来自对金钱的忧虑。

第十，筹资的四个步骤：计划、计划、再计划、实施计划。这就告诉我们做好筹资需要精心策划，做好充分准备，这样才能提高筹资的成功率。

思考题

1. 项目筹资的资金来源主要有哪些？

2. 做好项目筹资，我们要了解潜在捐赠人的哪些信息？如何获得这些信息？

3. 影响捐赠的主要因素有哪些？

4. 常见的项目筹款方式有哪些？你们机构的主要筹款方式有哪些？如何创新机构的筹款方式？

5. 筹款的"六大合适"重要原则是什么？对你和你的机构有哪些启示？

—

第六章

公益项目如何创新

　　无论社会还是经济，无论公共服务机构还是企业，都需要创新与创业。

　　它们（创新与创业）有望让社会、经济、行业、公共服务机构和企业保持灵活性和实现自我更新。

　　正如管理已成为当今机构的特殊器官、当代社会的整合器官一样，创新与创业也要成为组织、经济和社会的重要生命活动。这就要求，所有机构的高层管理者要将创新与创业视为正常的、持续的日常活动，视为他们自身工作和组织工作中的实践。[6]248

　　　　　　　　　　　　　　　　——彼得·德鲁克

一、正确认识创新

（一）创新需要破除的认识误区

创新如今是一个非常热门的话题，各种媒体也有很多关于创新的报道。公益项目的资助方、购买方也要求项目具有创新性。那么，究竟什么是创新？公益项目该如何创新？

要想成功创新，首先要正确认识创新，破除对创新的一些认识误区。

第一个误区：把创新与聪明的创意或者发明混为一谈。比如，现在有些公益创业大赛和公益创投大赛上的项目计划书，呈现出来的仅仅是一个想法、一个点子，它听起来很动人，但是他们没有去做，没法做，或者做了也没有结果。想法、点子、创意不是创新，创新最终一定是一种实践和行动，一定要有结果。不能转化为行动和结果的创意和点子都是没有意义的。

第二个误区：认为创新是自己第一个做的，别人没有做过的。实际上，衡量创新成功与否的标准不是看某个事物是不是你第一个做的，而是看它能否满足客户需求，给客户带来价值。即使它是你第一个做的，别人没有做过，但它不能满足客户需求，不能给客户带来价值，也不是创新。

第三个误区：认为创新非常高端，只有文化水平很高的人、聪明的人才能创新，我是个普通人，学历不高，水平也不行，创新和我无关，我不能创新。实际上，创新不是天赋，创新和年龄、学历、水平没有直接关系，每个人都可以创新。创新是一项日常的工作，创新需要踏踏实实地干。

上述这些误区和错误的认识会影响创新。要想成功创新，很重要的一点就是必须正确地认识和理解什么是创新。

（二）德鲁克关于创新的重要观点

著名管理大师彼得·德鲁克专门写了《创新与企业家精神》，这本经典著作于 1985 年出版。20 多年前，我学习德鲁克的理论就是从这本书开始的。接下来我要和大家分享德鲁克关于创新的主要观点。

（1）什么是创新？德鲁克没有专门给创新下过一个定义，他对创新有不同的表述。

第一，德鲁克曾经这样定义创新："创新是赋予资源新的财富创造能力的行为。"[6]29 比如以前大家对慈善的理解就是给钱给物，授人以鱼。1995 年 1 月上海市慈善基金会和上海第二工业大学联合成立了上海市慈善教育培训中心，通过知识扶贫、就业技能培训帮助下岗失业人员实现再就业，从这个意义上来讲，慈善教育就是创新。因为原来下岗失业人员是社会弱势群体，是需要被帮助的，但是通过慈善教育，他们实现了再就业，再次变成了创造财富的劳动者，所以慈善教育就是创新。

第二，德鲁克指出："创新就是改变消费者从资源中获取的价值和满足。"[6]32 创新的重要标志就是一定要给客户带来价值，提高他们的满意度。从这个意义上来讲，我们在工作实践中做出的一些小小的转变和改善，只要能够给客户带来价值，它就是创新。

第三，德鲁克指出："创新是企业家的特有工具。凭借创新，企业家可以将变化视为开创新业务或新服务的机会。"[6]20 这里讲的企业家不仅仅是商业企业家，也包括社会创业者。比如，我们国家过去是没有政府购买服务的，现在有了政府购买服务；过去政府购买服务力度不大，现在力度越来越大。这是一种变化，也是创新的机会。现在很多承办政府购买服务的支持型社会组织，就是抓住了政府购买服务这样一个变化带来的机会，应运而生。上海市慈善教育培训中心也是为了满足国有企业改革后出现的大量下岗失业人员需要再就业这样的需求而成立的。

第四，德鲁克指出："创新是一个经济术语或者社会术语，而非技术术语。"[6]32 为什么不能把创意、发明、点子当作创新，因为创意、发明、点子不一定有行动和结果。全世界的专利真正能够变成实践、产生商业价值的只有 10% ～ 15%。所以创新一定要有行动、有结果。

第五，德鲁克对创新还有一个非常重要的观点：创新就是有计划的放弃。德鲁克指出："抛弃旧的东西对非营利组织尤为重要，因为它相信，而且也必须相信其追求的目标的正当性。这使得创新非常困难，因为创新的第一个关键就是愿意抛弃旧的业务，以便留出空间迎接新的业务。"[7]149 "创新很大程度上取决于我们所说的'有计划的放弃'。"[8]234

因为一个组织的资源是有限的，所以只有有计划地放弃，即放弃过时的思维方式、思想观念，放弃自己不擅长的、没有优势的、不能满足客户需求、没有成果的事情，才能把有限资源用于那些能够满足客户需求、能给客户带来价值、产生成果的地方。

以上是德鲁克对什么是创新的一些重要的基本观点，这些观点令人耳目一新。

迪斯《企业型非营利组织》这本著作把创新定义为："建立新的、更好的方式以达成有价值的目标。"在理解这个创新的定义时，要注意三个关键词：第一，目标。创新一定要有行动，有目标，有成果。第二，有价值。目标要有价值，这个价值是对客户而言的。当然，对客户有价值，也会给创新者带来价值。创新是多赢的。第三，这种有价值的目标是以新的、更好的方式达到的。新的、更好的方式没有限制，因为创新的方式是多种多样的，它不局限于某一种方式，只要有新的、更好的方式来达到有价值的目标，都是创新。创新无极限，创新人人可为。

（2）德鲁克强调社会的每一个部门，包括政府、企业和社会组织，都需要创新和创业。社会组织和其他组织一样，只有创新才能保持高度的灵活性和自我更新的能力。德鲁克认为，每一个组织的核心优势都不一样，可以说它是每个组织的个性，但是每个组织，不管是商业组织还是社会组织，都要有核心优势，那就是创新。"所有机构的高层管理者要将创新与创业视为正常的、持续的日常活动，视为他们自身工作和组织工作中的实践。" [6]248

（3）德鲁克强调社会创新的作用。他指出："社会创新也是创业，也同样重要……现在的社会创新方面的创业，特别是在政治、政府、教育和经济方面的创新，与任何新技术或新物质产品方面的创新是同样重要的。" [13]216

在讲到社会创新时，德鲁克特别提到了在今天这样一个创业型社会当中，有两个大量需要社会创新的领域，也就是社会创新的机遇。

第一，制定政策以安置剩余劳动力，就是解决就业问题。中国的基本国情之一就是人口众多，就业压力始终存在。在中国只要是做促进就业工作的，就有做不完的事情。促进就业创业的公益项目，就是一个很好的社会创新的机会和来源。

第二，有组织、有系统地放弃已经过时的公共政策和公共服务机构，这也是我们社会创新的重要领域和来源。政府购买服务就是对已经过时的公共政策的一种调整。过去我国的公共服务是由政府自己直接提供的，政府既是服务生产者，又是服务监督者。现在政府转变职能，调整政策，大力推动购买服务。通过发挥市场机制的作用，把政府本来直接向社会公众提供的一部分公共服务事项，按照一定的方式和程序，交由具备条件的社会力量承担，并由政府根据服务数量和质量向其支付费用。政府变成了服务购买者和监督者，这就是社会创新，可以提高资金使用的有效性，更好地满足社会需求，促进政府转变职能。再比如，现在很多地方政府把政府投资建造的由政府直接管理的老年人日间照料中心、生活服务中心、文化活动中心等公共设施，通过购买服务交给社会组织运营管理，以提高其服务效能，这也是社会创新。社会组织如果能够主动去承接政府购买服务，承接政府投资建立的公共设施的运营管理，就是一个很好的创新机会。社会组织一定要充分认识社会创新的作用和意义，要主动寻找和把握社会创新的机会。

（4）德鲁克提出了衡量创新成败的标准。德鲁克指出："创新的检验标准并不是它的新颖性、科技含量或者巧妙性，而是要在市场上取得成功。"[6] Ⅳ现在创新中存在为创新而创新、为政绩而创新、为满足领导需求而创新的问题。所以，有的时候创新流于形式，没有效果，浪费资源，最终导致服务对象不满意。德鲁克强调指出，"创新的检验标准永远是：为用户带来什么。因此，创业必须以市场为中心，由市场驱动"。[6]246

这就告诉我们必须把满足需求、为客户创造价值作为创新的出发点和归宿。任何创新如果不能满足客户需求，不能为客户带来价值，都是没有意义的，也不会成功。

（5）德鲁克告诉我们创新是可以作为一门学科去传授和学习的。德鲁克指出："创新可以作为一门学科讲授，能够学习和实践。企业家必须有目的地搜寻创新机会源，也就是能够预示成功创新的变化和征兆。此外，他们还需要了解成功创新的基本原则，并加以利用。"[6]20 所以，不要把创新看成高不可攀的事物。我们可以通过学习，全面了解什么是创新，为什么要创新，从哪些方面创新，如何去发现创新的机会，如何坚持创新的原则，做到成功创新，从而提高机构和本人的创新能力。

（6）德鲁克指出创新不能侥幸，要付出艰辛的努力。德鲁克说："创新不是'天才的灵光一现'，而是艰苦卓绝的工作。同时，这种工作应成为企业的每个部门和各级管理人员的经常性工作内容。"[9]74

二、公益项目为什么要创新

德鲁克指出："非营利组织向来不缺好的创意，最缺的是将这些创意转化为实际成果的意愿和能力，这就需要一种创新战略。"[4]68

社会组织不仅需要确定使命，还要有三大战略，即营销战略、资金发展战略和创新战略。社会组织主要通过实施各种项目来满足社会需求，解决社会问题。做项目必须从需求出发，做项目实际就是在做营销，所以社会组织要有营销战略。社会组织的生存发展、提供服务需要资金，社会组织要有资金发展战略。但是服务对象的需求是在变化的，为了满足不断变化的需求，社会组织必须不断创新，这就需要创新战略。德鲁克曾经讲过，企业的目的是创造客户。因为是创造客户，企业有两个基本的职能，一个是营销，一个创新。我认为这段话同样适用于社会组织，社会组织同样需要这两大职能。营销是满足客户今天的需求的，不会营销，社会组织就活得很艰难，甚至活不下去；创新是满足新的变化的需求，不会创新，社会组织也很难持续发展。

（一）"S 型曲线"理论

这里给大家介绍一下管理思想大师汉迪提出的著名的"S型曲线"理论。这个理论有助于公益项目的创新。大家知道，任何事物都有一个生命周期，公益项目也一样，都要经历一个诞生、发展、成熟，然后慢慢走向衰退、死亡的过程。这个事物发展的生命周期就像一条S型曲线。从这个S型曲线图上我们可以看到，有些组织往往会在B点，就是一个项目走下坡路时开始重视，要采取措施，防止项目下滑，如图6-1所示。

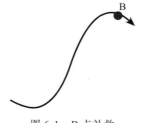

图 6-1　B 点补救

但是事物发展的规律决定了一个项目到了一定的时候，由于需求的减少，不可避免地衰退。尽管可以采取一些措施，延缓项目的衰退，但是规律决定了衰退是必然的，如图6-2所示。

图 6-2　衰退必然

为了防止项目的衰退，使项目可持续发展，需要一个新的思路。我们要在项目发展过程中，在上升期间，找到一个A

点，这个 A 点就是下一个项目 S 型曲线的起跳点，以保证社会组织的持续发展，见图 6-3。

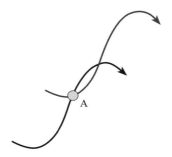

图 6-3　寻找下一个 S 型曲线起跳点

但是一个机构的资源有限，眼前有很多事情要做，很多项目要完成。能不能主动去找这个 A 点，能不能为下一个项目 S 型曲线的起跳投入资源，这里面就涉及两种思想的交锋，见图 6-4。

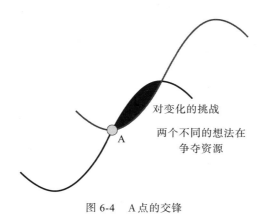

图 6-4　A 点的交锋

对社会组织来讲，最大的挑战之一就是变化，我们要有居安思危的意识。在社会组织发展比较顺利的时候、上升的时候，就要主动找到下一个项目 S 型曲线的起跳点，为创新投入必要的资源。如果我们能够不断地寻找到下一个项目的 S 型曲线的起跳点，就能保证社会组织的可持续发展。

以上海市慈善教育培训中心做就业培训项目为例，它最初做上海下岗失业人员再就业培训，后来做农民工就业技能培训，之后又陆续开展了社区青年就业援助培训、来沪务工子女教育就业援助培训、外来媳妇就业技能培训。就业技能培训项目随着社会需求的变化而变化（见图 6-5）。

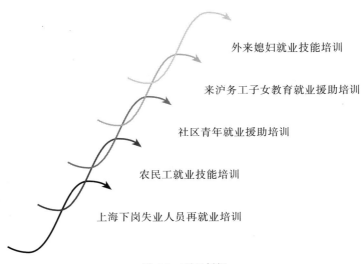

图 6-5　项目创新

　　大家看一看，我们就是这样根据社会需求的变化，不断创新项目，更好地满足需求，促进社会组织发展。

　　S 型曲线理论告诉我们，一个组织必须在实施一个项目过程中，主动找到下一个项目 S 型曲线的起跳点。大量的事实证明，一个组织即使过去很成功、很辉煌，如果不能做到创新，也可能会面临风险，甚至会走向衰亡。每一个社会组织，特别是其负责人，一定要思考这样一个问题：我的组织有没有主动寻找下一个项目 S 型曲线的起跳点，我们下一个项目 S 型曲线的起跳点在哪儿（见图 6-6）？因为只有找到了这样一个起跳点，社会组织才能保证可持续发展。

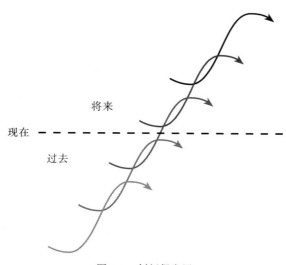

图 6-6　创新促发展

通过 S 型曲线理论的分析，可以看到一个成功的社会组织、一个想要可持续发展的社会组织，必须要不断创新。

（二）项目创新的重要性

（1）创新可以更好地满足客户的需要，实现组织的使命。以上海市慈善教育培训中心为例，它开始是做"4050"人员再就业培训，随着时间的推移，"4050"人员再就业培训的需求逐渐减少。如果不创新，中心就没有事情可做，也没有存在的必要了。但是中心坚持创新，主动寻找就业方面出现的新问题、新变化，根据新的需求先后开发和实施了针对上海社区失业青年、农民工、农民工子女、外来媳妇、贫困大学生等不同对象的就业培训项目。同时，中心又在就业培训的基础上开展了创业培训，从而保证了中心的可持续发展。

（2）创新可以开拓资金来源。一个社会组织特别是社会服务机构的资金来源主要是三个方面：第一，政府购买；第二，社会捐赠；第三，服务收入。一般来说，不管是资助方还是购买方，不可能只资助一个项目，社会组织必须根据需求开发新的项目。如果一个社会组织有很强的创新能力，就能不断开发项目，就更有可能不断得到资助方和购买方的资助和购买，这对资金来源的稳定性是很有好处的。比如上海慈善教育培训中心有个非常重要的资助方——汇丰银行，它从 1999 年就开始资助慈善教育培训，到 2023 年年底对中心的资助超过了 3 500 万元。一家企业和一家社会组织合作时间之长，资助金额之多，是很少见的。但是在和汇丰银行合作的 24 年中，中心先后给汇丰银行做了 11 个公益项目。正是由于项目不断创新，能够得到资助方的认可，汇丰银行才会持续地资助。社会组织要想得到更多的资源，必须不断创新。

（3）创新可以使我们社会组织保持活力和持续发展。德鲁克指出："快速变化的时代会让很多旧事物过时，或者至少让很多处理旧事物的方法失效。但在快速变化的时代也涌现出了很多机会，使得机构能够完成新任务、开展新试验以及从事社会创新。"[6]142

今天每个组织面临的最大挑战之一就是变化。社会组织也会有竞争。随着社会组织的不断发展，数量越来越多，从整个行业来讲，是一件好事情，但是对一个社会组织来说，这在客观上也带来了新的竞争、新的挑战。德鲁克指出："打造未来的工作，并不是决定明天该做什么，而是决定今天该做什么才能拥有明天。"[10]207

社会组织，只有不断创新，不断地拓宽市场和服务领域，不断获得更多的资源，才能够保持组织的活力和可持续发展。

三、公益项目如何创新

公益项目的创新有六种情况，可以从下面六个方面做起。

1. 开发新产品或改造老产品

这就要求社会组织能够做到项目创新和服务创新。社会组织和企业一样需要通过项目和服务来满足服务对象的需求。由于服务对象是不断变化的，需求也是不断变化的，因此我们必须做到项目创新、服务创新，只有这样才能更好满足客户需求。拿中心来讲，开始主要做就业技能培训，帮助服务对象通过培训实现就业。后来我们发现有些服务对象还想创业，就业技能培训已不能满足他们的需求，于是我们又开发了创业培训，创业培训就是项目的创新。在开展创业培训中，我们根据大学生和职业学校学生的不同需求，又分别做了针对职业学校学生的"上海青年创业夏令营"和针对大学生的"大学生创业培训"两个项目。后来，我们又开发了承接政府购买服务，托管大学生创业园区项目。2017年，我们又开发了公益创业培训项目。经过20年的努力，我们的创业培训项目已成为上海最具公益性的、成效最明显的创业培训品牌项目。

项目创新可以是原创的，也可以是模仿创新的。比如，我们可以引进国内外一些已经成熟的、在本地也有需求的项目或服务。你在本地第一个做，也是创新。

2. 开发一个新的市场

这就是市场创新。因为在一定的范围内，需求是有限的，通过市场创新可以不断提高服务能力，满足更多的社会需求。在这方面，社会组织也是大有作为的。比如我们的创业培训项目，开始主要是针对下岗失业人员，后来我们用这个项目为农民工服务，为外来媳妇服务，为职业学校学生、高校贫困大学生服务。他们是不同的群体，但都有接受创业培训的需求。通过市场的创新、市场的开拓，创业培训项目能够满足更多想创业的人的需求。市场创新除了拓宽服务对象以外，还包括突破地域限制。比如我们的创业培训项目原来在上海做，后来我们把这个项目做到新疆、重庆、江苏。

3. 采用一种新的项目实施方式

现在很多社会组织的项目全部都是自己做。但是有些项目光靠自己是做不了的。所以，社会组织可以和其他机构合作，发挥各自的优势，更好地满足客户需求，这就是项目实施方式创新。比如前面提到的"外来媳妇就业技能培训"项目，光靠我们自己根本无法实施。我们用创新的方法，联合全市十几家机构共同实施项目，充分利用它们的场地、师资、教学和实训设施。通过合作，既方便学员就近参加培训，也解决了实施项目所需要的场地、设备、师资等问题，这就是一种项目实施方式创新。德鲁克在谈到如何满足需求时，强调必须坚持两个原则：第一，充分发挥自身的优势；第二，必须充分发挥合作伙伴的优势。一个社会组织的资源和能力是有限的，为了更好满足客户需求，在做项目和提供服务时可以在充分发挥自身优势的同时，寻找合适的合作伙伴，用它的优势弥补自身的不足，这可以大大提高满足客户需求的能力。

4. 导入新的资源来源

资源有人、财、物、时间、信息五种，社会组织可以用新的方法获得做项目需要的资源。比如，社会组织现在普遍存在人员不足、招人难、留人难的问题，要解决这个问题，社会组织就需要创新招人的思路。德鲁克30多年前就指出退休人员是可以利用的、重要的、宝贵的人力资源，他明确指出："提供就业机会的组织（绝不只限于企业）应尽快试着与老年人，特别是老年知识工作者建立新型工作关系。率先成功地吸引和留住达到传统退休年龄的知识工作者，并帮助他们充分发挥作用的组织将拥有巨大的竞争优势。"[9]42

我们可以根据项目需要返聘一些退休人员。这样做有四个好处：第一，解决人员不足的问题；第二，退休人员经验丰富，能做好事情；第三，以老带新；第四，降低用工成本。另外，志愿者也是我们可以利用的一种宝贵资源。如果我们利用志愿者开展项目，就是创新。现在很多社会组织往往把人仅仅局限在签订劳动合同的全职人员，这就束缚了自己的手脚。我有个观点，要把社会上有经验、有能力、愿意到社会组织工作的退休人员，包括做过社区工作、社会工作、教育工作、群众工作的退休人员当作非常宝贵的资源。他们可以成为社会组织和项目团队的成员。这是资源来源创新很重要的一个方面。

讲到资源，一般会理解为人、财、物，当然，人、财、物是非常重要的资源。但是我们讲资源除了人、财、物，还有两个非常重要的资源：时间和信息。如果社会组织能够多渠道、多形式整合利用社会资源，这对满足客户需求是非常有帮助的。

5. 实行一种新的组织形式

这就是组织创新。组织创新的一种形式就是虚拟组织。虚拟组织是指临时把人员召集起来，以利用特定的机遇，待目标完成后即解散的一种临时组织，也称为网络型组织。比如我在市内外做项目时，有的就是和外部机构人员合作，建立虚拟团队实施项目。虚拟组织的好处包括：第一，可以根据项目需要，找到最合适的人。第二，很灵活。团队人数可多可少，项目结束，团队也解散了。第三，可以降低成本。在今天互联网时代，信息化为组织创新创造了更多的可能性。

6. 发展一种新的项目资金来源模式

就是拓宽项目资金来源的渠道，用新的方式筹集资金。资金是社会组织生存发展和实施公益项目的重要条件，现在社会组织普遍面临资金短缺的问题。利用互联网进行筹资，就是一种创新。特别是对初创的、民间的社会组织，有时候向基金会、企业申请经费是比较困难的，就可以通过互联网筹资。现在政府不断加大向社会组织购买服务的力度，我们可以开发国家政策所关注的、有社会需求的项目，争取政府购买，这也是筹资模式的一种创新。

社会组织的资金来源除了政府购买、社会捐赠以外，还可以有服务收入。我们可以根据社会的需要，开发一些能够满足有支付能力的服务对象需求的项目和服务，这有助于开拓资金来源，也是一种创新。

公益项目创新的内容和方式有很多，每一个社会组织都要思考一下这六个方面的创新哪些做到了，哪些还没有做到，今后如何去创新。创新并不难，创新就是日常的一项工作，每个社会组织、每个人都是可以做的。如果一个社会组织在这六个方面都做到了，机构的创新能力一定会大大提高，机构的活力会大大增强，可持续发展就有了保证。

四、公益项目创新的机会源

著名管理大师彼得·德鲁克在《创新与企业家精神》这部

著作里提到创新有 7 个机会源。根据社会组织的情况，我把公益项目创新的机会源概括为 5 个：问题、意外事件、不协调、变化、新知识和新技术。

（一）问题

这里讲的问题是社会上还没有满足的各种需求。社会组织的创立和存在都是为了解决某一方面的社会问题，因此社会组织要把社会上还没有解决的各种社会问题作为创新的机会源。比如，上海市慈善教育培训中心的项目就是社会上就业难这个问题提供了创新的机会。今天中国有不少社会问题需要去解决，这就可以成为我们创新的机会源。

问题有两类。第一类就是自己碰到的问题。比如现在国内做自闭症儿童服务的社会组织，它们的创办人几乎都是自闭症儿童的家长。因为社会上没有政府办的为自闭症儿童服务的机构，为了解决自己孩子的问题，考虑到社会上还有其他很多同样的孩子需要接受这种服务，家长就创办了这种为自闭症儿童服务的社会组织。第二类问题就是别人所碰到的还没有满足的需求，这也可以成为我们创新的源泉。比如，我国的"失独家庭"问题。不少失去独生子女的老人身陷巨大的悲伤之中，有的甚至失去了生活的信心，非常需要心理慰藉和精神关爱。于是，有了专门为"失独家庭"服务的社会组织。现在社会上各种为老、助残、帮困、扶贫、环保、青少年服务机构，就是为了满足各类群体的需求而创办的。

党的十九大报告中指出，我国社会主要矛盾已经转化为人民日益增长的美好生活需要和不平衡不充分的发展之间的矛盾。解决这个主要矛盾，带来很多创新的机会。社会组织在乡村振兴、就业、济困、救灾、养老、医疗、教育、科技、文体、环保等所有的公共服务领域大有作为，可以开发各种解决社会问题的项目。

我国要全面实现中国式现代化，还有很多社会问题需要解决；旧的问题解决了，新的问题又会产生。因此，我们要把问题当成机会，把痛点当成起点。我们要关注社会问题，关注那些没有满足的需求。

给大家推荐一本书，是印度著名的经济学家普拉哈拉德写的，题目叫《金字塔底层的财富》。这本书里面有一个非常重要的观点：要把穷人的问题当作创新的机会。里面有一个"斋浦尔义足"的案例。在印度有几十万下肢残缺的人，绝大部分生活在贫困之中。由于失去了部分肢体，无法工作，通常整个家庭都会遭受沉重的打击。他们需要安装假肢，但是市场上一个假肢的开销要几千美元，很多穷人根本承担不起这么高的开支。由拉姆·钱德拉开发的"斋浦尔义足"是一种用橡胶和木头做原料的假肢，价格只有 20 多美元。下肢残缺的人安装了这种假肢后能够在不平坦的路面上行走、跑步、骑自行车、下地干活。而且，每位病人只用 1 天时间就能装配到合适的假肢，使他们恢复工作、独立生活。从 1975 年到 2003 年，"斋浦尔义足"为 23 万多名印度贫困的下肢残缺的人安装了假肢。而且，这个项目已发展到东南亚国家和非洲地区。

（二）意外事件

意外事件有两类，其中一类就是意外成功。意外成功是一项成功创新的来源。《如何改变世界》这本书里有一个意外成功带来创新机会的案例。美国有一个非常著名的非营利组织——"大学巅峰"，它的创办人是哈佛大学神学院的一个研究生史莱姆。他在做招生工作的过程当中，发现美国有很多贫困家庭的高中毕业生，因为不会写自我推荐信，不会填写志愿而失去了进入大学特别是重点大学的机会。史莱姆的思想是主张教育公平，因此他就做了一个实验。他亲自为 5 个贫困家庭的高中毕业生进行辅导，教他们怎么填写志愿，怎么写自我推荐信，结果这五个孩子都考上了很好的学校。后来他又把这个实验扩大规模，发动他的亲朋好友来为更多的家庭贫困的高中生提供这种服务，也取得了很好的效果。后来他自己成立了一个机构，专门做这件事情，还开发了一套为高中毕业生填写志愿和申请书的课程，在美国很多公立学校都购买他的课程。史莱姆就是从为 5 个贫困家庭的高中毕业生辅导，帮助他们成功考上大学这小小的意外成功开始，最后把它发展成一个全国性的非营利组织来推动教育的公平。

意外事件的另一类就是比预期好或者不如预期的情况，它也可以成为创新的源泉。这里我给大家分享一个孟加拉国尤努斯教授创办格莱珉银行的案例。尤努斯是孟加拉国一位大学教授，非常关注农村问题。他在当地农村调研的时候，发现农民非常贫困，特别是农村妇女特别贫困。有很多妇女为了维持生计，就用竹子做了一些工艺品进行销售，但是因为穷，她们连买原材料的钱都要通过高利贷才能获得，因此她们很大一部分劳动所得都被高利贷主剥削去了。于是，尤努斯教授做了一个实验，他拿出 27 美元借给 42 个贫困的农村妇女，让她们有钱去买原材料来生产工艺品，以免除高利贷的盘剥。结果，想不到这 42 个农村妇女因为有了这个钱，她们改变了生活状况，而且她们都按时归还了借款。因此，尤努斯教授看到了穷人也有贷款的需求，但是他们没有抵押物，无法从现有的银行获得贷款。于是他成立一家专门为贫困人群提供贷款的银行——格莱珉银行。格莱珉银行的 98% 的客户都是妇女，贷款者超过 600 万人，贷款额度超过 200 亿美元。尤努斯创办的格莱珉银行的还贷率超过了 98%，打破了很多人认为穷人不讲信用的这种偏见。所以，这个例子就是意外事件中的比预期结果好，最后成为社会创新的重要源泉。

（三）不协调

比如，中国农村有的村庄年轻人都外出打工了，留在家里的都是儿童和老人，没有人照顾。村里有一些闲置场地和公共设施，没有得到很好的利用。现在就有人发起"社会组织进村"项目，动员一个社会组织和一个村子结对，充分利用农村闲置的公共设施、场地及当地的资源，开发实施为儿童和老人服务的公益项目，解决年轻人外出打工造成的农村不协调问题。再比如，现在城市老年人的口袋里有钱了，但是缺乏金融常识，经常发生上当受骗的情况。上海市慈善教育培训中心在汇丰银行的资助下，推出了"银发理财——老年人金融教育"项目，对老年人普及金融常识，提高他们防范金融诈骗的意识和能力，收到了很好的效果。

（四）变化

讲到变化，我们必须关注以下几个方面的变化。

第一，关注政策变化。国家政策是公益项目创新非常重要的源泉和机会。比如，我从 2008 年以来，先后在上海、重庆、太仓、连云港、沈阳、长春等地为当地民政部门提供承办公益创投活动的服务。我们的这个项目能从上海走向全国，就是抓住了政府加大购买服务的力度与大力培育和扶持社会组织发展的政策带来的机会，主动开发了为政府的公益创投活动提供全程服务的项目，并从政府那里得到了机构发展所需的资金。再比如，党的二十大报告提出，着力解决好人民群众"急难愁盼"的问题。这就需要社会组织积极主动开发实施解决实现共同富裕中的问题和老百姓"急难愁盼"问题的公益项目。所以，项目创新必须十分关注国家政策的变化。

第二，关注人口结构的变化。大家知道今天我们面临着老龄化问题，在为老服务领域有大量的需求，可以开发更多的为老项目和服务，这就是社会组织创新的机会。李靖慧在大学期间做志愿服务的时候发现了为老服务有很大的需求。她创办了宁波市鄞州区银巢养老服务中心，实施了智慧银巢、适老化居家改造、甬爸甬妈老年俱乐部、银巢生活馆、银巢老骥行动等10多个为老服务项目，服务老人超过30万人次。随着大量农民工进城，又出现了城市中的农民工和农民工子女问题，在满足农民工和农民工子女的需求方面，也有大量项目创新和服务的机会。上海农之梦青年公益服务社是一家致力于服务来沪务工青年的社会组织。成立12年来先后实施了技能提升、就业乐业、财商教育、家长课堂、爱心暑托班等公益项目，受益人数超过30万人。

第三，关注认识的变化。比如，现在党和政府高度重视社会治理，强调要创新基层社会治理，社会治理重心要下移，这给社会组织参与基层社区治理带来了机会。社会组织要把基层社区治理中的难点、痛点当作项目创新的内容。现在中国越来越多的企业开始重视社会责任，愿意从事慈善公益事业。很多企业认识到履行企业的社会责任是企业可持续发展的战略选择。企业社会责任意识的增强，也是一个创新机会。如果社会组织能够主动跟企业加强联系和合作，帮助企业通过公益项目更好地履行社会责任，就有可能得到更多资源和支持。现在很多社会组织和企业合作，实施公益项目就是抓住了这样一个创新的机会。浙江省永康市阳光爱心义工协会是一家县域社会组织，该协会邀请一些热心公益慈善的企业家担任理事，为协会的公益项目捐款。还动员了一家企业设立专项基金，长期资助协会开展公益项目。

第四，关注城市化的加速发展带来的变化。大家知道城市化进程中出现了一些问题和需求。比如，现在比较突出的一个问题就是留守儿童问题，留守儿童的教育问题、安全问题、防范性侵问题、心理问题等都有待解决。现在有很多社会组织都在提供和开展关爱留守儿童方面的服务，这就是城市化进程中问题的变化带来的项目创新机会。

第五，关注全球化带来的变化。我们可以从世界上获取更多的机会和资源来进行社会创新。同时，随着中国经济实力的增强和"一带一路"倡议的实施，中国的社会组织也要走出去，到国外实施公益项目，在世界上发挥应有的作用。

变化带来的创新机会，对社会组织非常重要。我们一定要善于发现变化，寻找变化，把变化当作机会。德鲁克对企业家和创业有一个非常经典的定义，即"企业家将变化视为正常的和健康的……他们总是积极寻找变化和回应变化，将其视为机会并充分利用"。[6]27

所以，社会组织为什么需要创新和创业精神，就是为了更好地主动寻找变化，利用变化，把变化当作创新的机会。

（五）新知识和新技术

传播新知识，是创新机会源之一。比如，社会企业是20世纪80年代以来世界上出现的一种新的解决社会问题的组织形式，也是社会创新和大众创业的重要组成部分，但在国内知道的人还很少。2020年我们开发了国内首个"创办你的社会企业"培训项目，通过线下线上两种形式，为有创办社会企业意愿或对社会企业有兴趣的人，开展培训和指导，这个项目受到社会的欢迎和好评。这个项目也丰富了创业培训和创业服务的内容。我长期从事社会组织能力建设培训，过去主要是线下培训。新冠疫情期间，很多线下培训无法开展了。我及时利用互联网，开发了十几门线上培训课程，还开发了线上咨询项目。通过利用新技术的项目创新，我不仅抵御了新冠疫情带来的冲击，而且创造了新的服务机会，扩大了服务面。上海聚善助残公益发展中心的"善淘网"项目，是我们国内第一家在线慈善商店。它主要收集社会上库存的服装和物品，通过整理、销售，筹集善款，用于慈善公益事业。同时，这个项目也为残障人士提供了就业机会。这个项目能够成功实施，很重要的一点也是利用了互联网技术。现在进入了人工智能时代，我们一定要用信息化、智能化手段助力公益项目创新。

五、公益项目创新的原则

公益项目创新的原则讲的是创新应该做什么、不应该做什么以及创新成功的条件。坚持这些原则可以提高公益项目创新的成功率。

德鲁克在《创新与企业家精神》这部著作中提出了创新的原则，我们要很好地坚持这些原则，推动公益项目创新。

（一）项目创新应该做什么

（1）要界定外部的需要。要知道谁是客户，要知道他们需要什么、想要什么以及他们期待什么。这就是说公益项目创新一定要从客户需求出发。现在有的公益项目为什么效果不好，或者有些项目没有服务对象来参与，主要问题就是这些项目对服务对象的真实需求不了解、不清楚。因此我们必须要迈开双脚，走向社会，走到服务对象当中，了解他们的真实需求，根据需求开展项目。我们绝不能为创新而创新，为业绩而创新。到底应该做什么项目、提供什么服务，不能够拍脑袋、想当然。项目创新必须坚持以需求为导向。

（2）要主动寻找变化，把变化当作创新的机会，而不是威胁。比如我们机构在1998年就开始做创业培训，是上海市最早的。有很多人经常会问我：你怎么1998年就想到搞创业培训？我跟大家讲，这就需要主动寻找变化，把变化当作机会。因为我在1998年搞再就业培训的时候，曾经看到过联合国教科文组织的一份研究报告中有一句话："21世纪从全世界范围来讲，50%的大学生和中专生要走自主创业之路。"这句话传递了一个信息，告诉我们21世纪想要创业的人越来越多。这是一种变化。大家想一想，创业的人越来越多，就有越来越多的人有培训的需求，有创业指导和咨询的需求。1998年的时候，社会上还没有做创业培训和创业服务的机构，那么我们来做这件事情，这就是抓住了一个机会。但是，这种变化、这种机会是要靠你主动去发现，主动去抓住的。因此，我经常讲主动不一定成功，但是不主动，成功可能性更小。

再比如，我们机构现在为很多地方的民政部门提供承办公益创投的全程服务。公益创投现在是政府购买服务的一种重要方式，我们机构为什么会做这件事情呢？因为我们很关注政策变化带来的机会。我们在 2008 年就注意到了政府要购买服务，而且政府要加大购买力度。2008 年上海开始搞公益创投，我当时担任上海民政局政府购买服务评审专家委员会的委员，参与了上海的公益创投和政府购买服务，积累了很多经验。我注意到十八届三中全会提出了"政府要加大购买公共服务力度"，意识到未来越来越多的地方政府一定要购买服务。我们主动抓住了这样一个变化带来的机会，领先一步开发了承办公益创投活动的服务项目。2014 年以来先后在太仓、重庆、连云港、湖州、长春、沈阳等地，为很多的政府部门和基金会提供公益创投服务，做得很有成效。

（3）创新应该简单专一，就是要专注。现在有些公益项目普遍存在一个问题，就是项目要解决的问题太大或者不清楚，项目的服务对象太宽泛、太多。大家知道一个机构的资源是有限的，要想创新出成果，就必须专注，一定要把有限的资源用到能够出成果的地方。否则资源和精力分散，做得不专注，很难有成果。所以，我一直强调做项目要专注，一个项目解决一个问题，针对一个对象，取得一个成果，不要大而全，不要追求面面俱到。

（4）一定要从小事做起，从不起眼的地方做起。德鲁克指出："成功的创新者也都是从小的创新开始的，最重要的，是从简单的创新开始的。"[6]146 刚才讲了，有很多创新都是从意外的成功、小小的成功中发现机会的。如果能够把一件小事、一个小的项目做好，将来它可以给你带来更多的机会、更大的市场。像我们机构做大学生创业培训，就是从在上海海事大学办一个 40 名学员的班开始的。后来逐步向其他高校拓展，到目前已发展到全市 30 多所高校，培训学员 7 000 多人。"天下难事必作于易，天下大事必作于细。"所以，在创新的问题上，也一定要从小事做起，从小的成功发展到更大的成功。

（二）项目创新不应该做什么

下面再来谈一谈创新不应该做什么，也就是我们要避免的。

（1）不要忽视验证创意和试行阶段，不要从创意直接跳到全面的运行。项目创新一定要搞试点，不要一开始就搞很大的规模，追求很多的人数。因为创新是有风险的，创新不一定会成功。如果一开始规模很大，人数很多，需要的资源就很多，你未必能够具备。而且，万一失败的话，成本也比较大。如果我们先从小的试点开始，比如由几十个人或一个班先试一试，这样需要的资源比较少，容易做得到。而且，即使它暂时没有成功，成本也比较小。我们机构 2005 年做过一个"阳光下展翅——上海社区青年就业援助行动"，服务对象是上海 18 ～ 25 岁、家庭贫困、只有初中文化程度的失业青年，通过一年半的学习，学员可以拿到一张中专学历文凭，学两门技能。这个项目的目标是达到70%的就业率。考虑到这个项目难度大、要求高，所以，开始我们就搞试点，只招了100名学员进行培训。由于我们精心组织实施，项目取得了很好的效果，达到了75%以上的就业率。通过试点，有了经验，我们再逐步扩大培训规模，从而使这个项目稳步发展，取得了成功。

（2）不要自以为是。因为创新最大的障碍之一就是经验主义、因循守旧、自以为是。有的人认为自己过去做得很好，很成功，有经验，因此他们自以为是、故步自封，往往会走老路、办老事。但是，情况在变化，需求在变化，如果你照搬照抄过去成功的经验，可能会导致项目失败。过去有句话讲，失败是成功之母，现在这句话要倒过来讲，成功是失败之母。因此，任何机构、任何个人，哪怕过去非常成功，也不能墨守成规、自以为是。我们必须要从实际出发，要不断创新。

（3）不要分散注意力。这就是前面讲的要专注。有些社会组织，尤其是一些初创的社会组织，本身资源、力量有限，但什么都想做，结果什么都做不好。但是如果做到专注，能够将资源集中用于能够产生成果的地方，这对提高成功率是很有好处的。所以，在创新的时候，特别是对服务对象，一定要细分，一定要专注，只有精准地定位，才能使我们项目的成果、目标、服务的内容更加符合客户需求，才能取得预期的成效。

（4）不要认为只有一个正确的创新方法。创新非常重要的一个原则就是实事求是，从实际出发。我们可以模仿创新，但绝不能照搬照抄。各个组织的情况不一样，各地的政策环境、经济发展水平、社会需求、资源条件是不一样的，因此创新必须因地制宜，从实际出发，特别是在学习别人的经验时，绝不能照抄照搬。要做到学全国之长，学世界之长，创自己之新。这就是说社会组织要从实际出发，根据自己的特点、优势、长处，根据服务对象的需求，根据本地的实际情况采取正确的创新的方法。创新要不唯书，不唯上，只唯实。

（三）项目成功创新的三个条件

（1）项目创新必须付出艰苦的努力。前面讲过创新不仅仅是想法和点子，创新一定要行动，而且行动要有结果。创新是做以前没有做过的事情，有难度，有挑战，有风险。因此，要想成功创新，必须付出艰苦的劳动。现在，有些社会组织往往喜欢做一些容易做的项目，容易拿到钱的项目，而对这个项目有没有成果，没有很好地考虑过，或者根本不重视。因此，我们要想成功创新，一定要克服懒汉思想和投机取巧的想法，必须要有吃苦的准备，必须要有付出。轻轻松松，舒舒服服，是不可能成功创新的。

（2）项目创新一定要从组织的优势和长处出发。德鲁克指出："企业最好只在自己熟悉的领域内创新。"[6]170 这点非常重要。因为每个组织的优势、长处是不一样的，只有发挥优势才能取得成功。这是成功创新非常重要的条件。就拿我们机构来讲，成立 29 年来，我们的项目在不断变化，开始做再就业培训，后来做创业培训，之后又做能力建设培训，我们的服务领域在拓宽，我们的市场在拓展。但是有一点非常清楚，我们始终是沿着机构的优势的延长线在发展。所以，每个组织要非常清楚自身的优点和长处是什么，一定要从优势、长处出发进行创新。不能别人做什么，我也做什么，不能赶时髦，不能跟风和盲从。

（3）项目创新必须要专注于客户需求。这是德鲁克着重强调的一个观点。因为创新不是为了创新而创新，创新一定要满足客户需求，给客户带来价值。这就要求社会组织的领导者也好，做项目的人也好，必须主动、及时、精准地了解社会的变化和客户需求。只有这样，项目创新才有针对性和可行性，才能取得成功。一切不从客户需求出发，不能满足客户需求的创新，都是没有意义的。

六、创新者需要具备的思维方式

为什么我们要讲思维方式，因为思为行之先，也就是说思想指导行为，行为决定结果。思维创新是最基础的创新，如果没有创新的思维，不可能有创新的变革，也不会产生行为的变化和结果。德鲁克指出："那么，我们将来面临的最大挑战是什么？我是一个老咨询师，所以我的回答会带有明显的个人经验烙印。对我的客户——无论是营利组织还是非营利组织——来说，我发现最难的就是改变他们的思维。最难的问题不是技术，也不是经济条件，而是思维的转变。" [3]177

因此，要想成功创新，首先要有思维的变革，要具备创新者的思维。

作为一个成功创新者，必须具备以下几种思维：

（1）可能性思维。什么是可能性思维？就是相信一切皆有可能。比如，问大家一个问题：没有钱能不能做项目？认为能的人，就会想办法发现需求，开发项目，争取资源，解决问题。认为不能的人，一定不会有行动，也不可能有结果。我做了30年公益项目，做的绝大多数项目开始都是没有钱的。但是因为我有可能性思维，能千方百计、想方设法去争取利用社会资源，最后把不可能变成了可能。30年来我通过项目筹措的资金超过了9 500万元。所以，要想成功创新，必须要有可能性思维。我们一定要树立这样一种信念：一个人永远不要对自己说"不可能"。因为你说不可能，就真的不可能。古今中外，凡是成功创新者，一定是有可能性思维的人。这是我们成功创新非常重要的一个前提。创新和创业精神的实质就是把不可能变成可能。

（2）光明思维。就是凡事要往好的一面想，要去发现社会上的一些积极的因素。比如现在有些地方，社会组织发展起步比较晚，政府投入还比较少。我经常跟很多社会组织讲，起步晚、现在少，不等于以后慢、以后少。起步晚，意味着当地很多领域都是空白，社会组织可以做很多有需求的项目。如果社会组织现在能抓紧时间提高能力，以后政府重视了，投入多了，对有能力的社会组织来讲就是一种机会。因此，我们必须要有这种光明思维，凡事往好的一面想。把问题、差距、落后当机会，就是光明思维的具体体现。

（3）主动性思维。主动性思维，就是不能等、靠、要，要积极主动地寻找机会、发现机会、抓住机会，甚至创造机会。因为机会不会自然而然降临到我们头上，这就需要我们主动去发现。比如，我们机构是上海最早开展大学生创业教育的，在2003年就举办了大学生创业培训班。有很多人经常会问我："徐老师，你怎么想到2003年就搞大学生创业培训？我跟大家讲，这就需要主动性思维。因为我在1998年开始搞创业培训时了解到了一个信息：1998年10月在巴黎召开的世界高等教育会议明确提出，高等学校必须将创业技能和创业精神作为高等教育的基本目标，要使毕业生不仅成为求职者，而且成为工作岗位的创造者。高校要成为培养创业者的"熔炉"已成为世界高教界的共识。这个信息告诉我，对大学生进行创业教育是一种趋势，有极大的需求。但是当时国内几乎没有大学生的创业教育课程，那么我们机构来做这件事情，我来做这件事情，就是一个机会。当然，这种信息、这种机会是要靠你主动去发现，主动去抓住的。我认为，机会往往在未知领域。机会就是别人还没有想到的时候，你想到了；别人还没有认识的时候，你认识了；别人还没有理解的时候，你理解了；别人还没有行动的时候，你行动了。一个有主动性思维的人可以把一根稻草变成一棵参天大树。

（4）突破思维。创新不能墨守成规，不能被过去的经验、成功所束缚，要敢于突破、敢于尝试、敢于探索。由于项目创新是要突破，去做过去没有的事情、别人没有做过的事情。开始时，可能很多人不了解、不支持，甚至还会遭到别人的讽刺打击，创新有时候要承受很大的压力。比如1995年我提出创办上海市慈善教育培训中心，搞再就业培训。有人认为层次太低，影响学校的形象。1998年我搞创业培训，现在很多人认为我有眼光，抓住了机会，但开始做的时候是有压力的，因为有人就讲在大学做创业培训，培养小老板，违背了党的教育方针。由于我们顶住了压力，敢于突破，从需求出发开展创业教育，拓宽了大学的服务领域，我们才能抓住机会。所以，我们要有突破思维，要敢于突破传统观念、习惯、思维的束缚，要有将对的事情做对的勇气。这样，才能更好地发现和抓住创新的机会。

（5）"由外而内"的思维。德鲁克强调指出，企业的宗旨必须存在于企业自身之外，必须存在于社会之中。实际上，企业的宗旨只有一种适当的定义：那就是创造客户。什么是企业，是由客户决定的。客户是企业的基础，是使企业持续存在的动力源泉。只有客户，才能提供就业。正是为了满足客户的要求和需要，社会才会把财务创造资源托付给工商企业。[5]62-63

我做了30年公益，也做了27年创业培训和创业指导，我认为做公益项目和做商业企业，道理和规律是一样的。区别就在于商业企业是营利性的，公益项目是非营利性的。德鲁克讲的客户是企业的基础，就是告诉我们，一个企业要想成功，必须了解客户需求、满足客户需求，必须从客户需求出发来决定企业的产品和服务，以及你是一个什么样的企业。同样的道理，一个公益项目要想成功，也必须要了解客户需求，满足客户需求。客户是外部的，所以，我们首先要了解外部的客户需求，从客户需求来决定应该做什么样的项目，提供什么样的产品和服务，这就是我们讲的"由外而内"思维。但是，现在有些组织、有些人往往有一种"由内而外"思维，考虑问题以自我为中心，不了解客户需求，因此，工作中碰到了困难和挫折。树立"由外而内"思维，有助于我们调整心态、将心比心、换位思考，有助于我们更好地从客户需求出发，寻找和抓住项目创新的机会。

我认为作为一个成功的创新者应该具备这五种思维方式。当然还要其他的思维方式，大家也可以在学习中不断地去提高。但是这五种思维方式我认为是非常重要，必须具备的。

思考题

1. 德鲁克关于创新的主要观点有哪些？

2. 什么是创新？公益项目为什么要创新？

3. S 型曲线理论对你和你的机构的项目创新有哪些启示？

4. 公益项目创新有哪六种情况？

5. 你的机构在项目创新方面有哪些成功的实践和经验？

6. 项目创新有哪些机会源？

7. 你的机构有哪些项目创新的实践？它的机会源是什么？

8. 项目创新应该做什么？不应该做什么？

9. 项目成功创新有哪三个条件？

10. 创新者应该具备哪五种思维方式？

—

第七章

如何打造品牌公益项目

必须对非营利组织的行动做出规划。行动是根据使命进行规划的，如果不从使命出发来计划行动，非营利组织将无法取得成功，因为使命明确了应取得什么成果。[4]109-110

——彼得·德鲁克

什么是品牌公益项目？品牌公益项目有哪些特点？如何打造品牌公益项目？先和大家分享一个我们做过的品牌公益项目——"万名农民工绿色网上行"。这个项目曾在 2010 年获得"芯世界"公益创新奖·应用奖一等奖，2013 年被评为上海市慈善基金会首届"十佳慈善公益项目"。

一、精心设计项目是打造品牌公益项目的重要前提

做公益项目一定要选择跟机构的使命相一致的项目。上海市慈善教育培训中心的使命是"知识扶贫，助人发展"，因此，我们非常关注社会弱势群体在教育方面的需求和问题。

项目成效始于设计，而项目设计必须坚持需求导向。上海有四五百万名农民工，为城市的经济和社会发展做出了重大贡献。2008 年年初我们通过对上海市农民工进行抽样调查发现，他们在劳动就业、法律维权、教育培训、文化娱乐方面都有很高的需求。在上海这个信息化的城市，当时电脑的家庭普及率已经很高了，普通市民的相关需求通常会通过网络来解决。但是对绝大部分农民工来讲，他们很少有机会接触到互联网，无法享受信息技术给他们带来的便利和实惠。有些农民工由于无法找到合适的上网场所，只能混迹于社会上的一些黑网吧，容易染上恶习，甚至走上犯罪的道路。因此，我们就想到了要做

"万名农民工绿色网上行"这样一个项目，使农民工有机会学用电脑、学上网，提高他们的技能和素质，改善他们的工作、生活状况，缩小"数字鸿沟"，让他们享受信息化带来的好处。

项目的服务对象是 18～50 岁的、在上海工作的、有学习愿望的农民工。上海有几百万名农民工，他们的需求很多，一个项目不可能满足他们那么多的需求，这个项目只是满足他们学用电脑、学上网的这种需求。这里要特别提醒的是：如果对一个很庞大的群体做项目的话，一般来说一个项目就解决一个问题，服务一类对象，满足一种需求，取得一个结果，千万不要追求面面俱到。

二、科学设定项目目标是打造品牌公益项目的关键

做公益项目是为了解决社会问题，满足服务对象的需求，所以品牌公益项目一定要有明确、具体的目标，目标就是项目的成果。我们在设计"万名农民工绿色网上行"这个项目时，经过充分讨论研究，确定了四个具体目标和相应的评估指标。

（1）培训 10 000 名有学习需求及具备一定学习能力的来沪农民工，使其学会使用电脑和上网。评估指标：考核通过率达到 100%。

（2）学员使用了公益卡。我们给每位考试合格的学员发

一张公益卡，他们凭卡可以免费上网一年。评估指标：公益卡的开卡率达到 70%。

（3）学员使用了网络。评估指标：学员平均上网时间 3 个月不少于 3 个小时。

（4）培训使学员受益。除了上面三个定量的目标之外，我们还希望通过培训能够使学员受益。评估指标：通过项目网站的总点击量和学员培训以后的小结来体现这个培训对他们的帮助和效果。

通过确定非常明确、具体、可量化的项目目标，可以在项目还没有做的时候，就很清楚地知道项目成果是什么。这样有助于紧紧围绕项目目标制订项目实施计划，使提供的服务和开展的活动更有针对性和有效性。

三、实施品牌公益项目要有资源的保证

做项目是要有资源的，在设计项目的时候就要了解和确定实施这个项目到底需要哪些资源并且要能够获取这些资源。要对一万名农民工培训使用电脑，为此在上海新建一个电脑中心，这不可行。一来投入较大；二来农民工分布在上海各区，如果路很远、出行不方便，即使免费，他们也不一定会来。这时，德鲁克的教导又一次给我们指明了方向，那就是充分发挥

自身优势，同时充分发挥合作伙伴的优势，整合利用社会资源。我们在调研中发现上海市政府为了推动智慧城市建设，在全市 19 个区县建立了 300 家东方社区信息苑，也就是政府开的社区网吧。每个信息苑面积 150 平方米左右，有 30～40 台电脑，可以在里面开展电脑培训和上网。它主要有三个功能：一是公共上网；二是计算机和互联网的培训、咨询服务；三是数字电影放映。更重要的是信息苑遍布上海各区县，非常方便学员就近参加培训。我们在调研的时候还发现，信息苑过去只对上海居民开放，农民工没有上海户口，不是它的服务对象。而随着上海居民有电脑的家庭越来越多，造成了有些信息苑的资源没有充分利用。我们决定和东方社区信息苑合作，共同实施这个项目。

东方社区信息苑参与这个项目，对它有以下几个好处：第一，这是一个公益项目，可以提高它们的知名度、美誉度和社会的影响力；第二，可以使它们的资源得到充分的利用；第三，项目有一定的资金，老师能得到学习和锻炼的机会，也可以适当增加一些收入。所以，我们和东方社区信息苑领导沟通后一拍即合，决定"强强联合"，共同实施这个公益项目。

解决了场地问题之后还要解决资金问题，需要筹资。要想成功筹资，必须找到合适的资助方，也就是我们项目的服务领域和服务对象一定要和资助方所关注的领域和对象相一致。上海市慈善教育培训中心有一个非常重要的资助方就是汇丰银行，它从 1999 年开始就支持中心的慈善教育。汇丰银行非常关注教育培训，关注对农民工的知识扶贫，我们这个项目完全符合汇丰银行的要求，而且这是一个创新的项目，所以得到了汇丰银行的同意和支持。汇丰银行按照每个人 78 元的标准资助，1 万人就是 78 万元，另外还按照 8% 的比例配了 6 万元工作经费，这个项目汇丰银行给我们资助了 84 万元。

四、组建高效的项目团队

这个项目是由两家机构共同实施的，每家机构各出两个人组成了项目团队。我们机构是由我和项目部主任汤银兰老师，东方社区信息苑是由郝经理加上助手小陈，我们四个人组成了一个项目团队。

一个理想的团队有以下几个特点：

第一，要由合适的人组成。另外，这个项目团队可以是虚拟团队。虚拟团队就是为完成特定目标和任务成立的团队。我们的项目团队既不属于上海市慈善教育培训中心，又不属于东方社区信息苑，就是一个虚拟团队。这种虚拟团队是组织创新的一种形式。它的好处是可以根据项目需要找到最合适的人；又很灵活，根据项目大小，决定人数多少，项目结束，团队就解散了。为什么我想给大家特别讲这一点呢？因为现在有些社会组织有了项目，就去招人，而且要招正式的员工。如果有需要，可以这样做。问题是能不能招到合适的人，如果招到一个合适的人，万一这个项目结束后没有新项目的话，机构就有用人成本的压力。我的体会是，在招人的时候可以招全职的，也可以招返聘退休人员，也可以和其他机构的成员一起成立项目团队。

第二，要承诺为项目目标而奋斗。要找那些认同社会组织使命和价值观的伙伴作为项目团队的成员。

第三，团队成员要相互信任和尊重。这是充分发挥团队作用的重要保证，特别是和外部机构合作时，信任和尊重可以产生动力和凝聚力。

第四，要优势互补。这是团队成功的非常重要的因素。德鲁克指出，为了满足客户需求，必须坚持两个原则：第一要充分发挥自身的优势，第二要充分发挥合作伙伴的优势。这两个原则对于社会组织来说非常重要。以"万名农民工绿色网上行"项目为例，我们机构的优势是能够开发项目，筹措资金，进行管理指导，但是缺师资，缺计算机，缺场地，光靠我们自己是没法开展这个项目的。东方社区信息苑的优势是有场地，有设备，有老师，有招生和培训能力，但没有资金。现在把双方的优势一整合，这个项目就做成功了。我在实践中总结了一个公式，就是"1+1＝成功"。德鲁克关于发挥优势、满足客户需求的两个原则对社会组织非常重要，做项目时要充分发挥自身的优势，然后再找到一个合作伙伴，用他们的优势来弥补自己的弱势，这对提高满足需求的能力很有帮助。

第五，团队成员要做到分工不分家。团队肯定有分工，没有分工就会导致职责不清。但是分工不能分家，大家都要对团队的业绩、对最终的结果负责。我们和东方社区信息苑建立了一个沟通机制，定期碰头、开会，发现问题，随时沟通，及时解决。

第六，团队成员要自我激励、庆祝胜利。当项目取得阶段性成果，受到学员、资助方的好评以及媒体宣传报道时，我们要及时分享喜悦，并鞭策自己努力工作，争取更好的绩效。

五、精心组织项目实施，确保项目成效

打造品牌公益项目不仅要精心设计、认真计划，更要精心组织项目的实施，确保做出成果。

这个项目的周期是一年：从 2008 年的 8 月到 2009 年的 7 月，分成招生、培训、考核、后期服务四个阶段。培训共 16 课时，学员满 20 人开班。我们举办了庄重简朴的启动仪式，邀请了汇丰银行上海分行领导、上海市文明办领导、上海市信

息办领导、上海市慈善基金会领导以及媒体记者参加，目的就是造势宣传，使项目能得到社会更多的关心和支持。

　　每个项目都有一定的风险，我们这个项目的主要风险就是学员流失。为了防止和减少学员流失的风险，我们采取了三个措施：第一，整个培训时间16个课时（两天），短平快，但很灵活，可以集中两天，也可以分为2个一天或4个半天，学员通过考试就结束。第二，专门为农民工学员编写了一本教材，在教材上和学习包上印上汇丰的标志，进行必要的宣传。第三，每个班级安排一个班主任，加强服务和管理，减少学员流失。

　　东方社区信息苑负责招生、培训、考试，学员培训结束后就在计算机上考试，给考试成绩合格的学员颁发一张证书，证书上也印上汇丰的标志。我们给每个考试成绩合格的学员发一张公益卡，学员凭公益卡一年之内免费上网，在公益卡上我们又印上汇丰银行的标志。我们还为这个项目专门建立了一个网站，学员可以利用这个网站学习知识，获取信息，同时也可进一步提高项目的宣传力度。

　　整个项目实行信息化管理，从学员报名、学员信息、物料管理、考试以及最后的评估全部是在网上完成的。信息化管理不仅可以降低成本、提高效率，而且能做到公平、公开、公正，信息真实可靠，没法造假。这点也得到了资助方汇丰银行的认可和赞扬。

六、做好评估，检验项目成果

项目结束要做评估，评估的目的是检验当初设定的目标是否达成。

"万名农民工绿色网上行"项目有四个具体目标，通过评估证明项目目标全部达到。第一，计划培训1万名学员学会用电脑上网，实际上培训了11 620名学员，完成了116%，所以这个项目的性价比还是很高的，超出了资助方的期望。第二，公益卡的开卡率计划是70%，实际上达到了100%，说明这张卡是学员需要的、有价值的，他们也使用了。第三，上网时间计划是3个月不少于3小时，实际上学员平均上网时间达到53.37小时。第四，从网站的浏览情况来看，总点击量达到1 597 198次，日均页面点击量是5 916，日均IP访问量是834次，说明学员也利用了这个网站。第五，我们要求每个学员写一份小结，从小结里也看到了项目给学员带来的收益和变化。通过培训，学员学会了电脑操作和上网的基本技能，有的找到了工作，有的增加了收入，有的学会了上网浏览劳动就业信息、致富和维权知识以及家乡新闻，有的学会了发邮件和常用聊天工具与家人、老乡沟通，有的通过上网学到了知识和技术，这些都是培训给学员带来的价值和变化。

给大家一个建议，做公益项目，只要服务对象有写字能力的，项目结束后最好请他们写一份心得体会，这可以在一定程度上反映学员的收获和成果。

七、创新是品牌公益项目的生命

创新不仅仅是科技产品创新，也不是一些天才灵光一现的结果。创新是为了更好地满足客户需求，提高客户的满意度。创新本质上是一种"创造新的客户价值"的行为，那些将已有之物重新组合来满足客户需求的努力都是在进行创新。创新必须坚持需求导向、成果导向。我们项目的创新主要体现在这几个方面：

（1）项目创新。"万名农民工绿色网上行"项目是我们根据农民工的真实需求自主开发的一个新的项目。

（2）项目实施方式的创新。这个项目不是由我们机构自己做的，而是跟东方社区信息苑合作，整合资源，发挥各自的优势来实施项目。

（3）组织创新。我们两家机构各出了两个人，成立了项目团队，以虚拟组织的形式具体负责项目的实施。

（4）资金来源渠道的创新。汇丰银行资助了两期，共培训了2万多名农民工后，我们又向上海市慈善基金会申请经费。在上海市慈善基金会的资助下，从2014年到2020年又做了六年，使项目得以持续开展。

当时关心农民工正好是社会热点问题，报纸、杂志、电台和电视台等媒体对项目进行了大量报道，提高了项目的社会影响力。据不完全统计，有 20 多家媒体 40 多篇次的报道；在谷歌上搜索"万名农民工绿色网上行"这个项目，有近 10 万个链接。每培训一个人可以影响一家（群）人，间接受益约 100 000 名农民工及其家人，项目网站总点击量突破 500 万人次，日平均访问量约 900 人次，学员的参与度极高。这也体现了项目的社会影响力。

八、重视品牌公益项目的可持续性

第一，项目的可持续性最重要的是一定要有需求。上海有几百万名农民工，我们首期只培训了 1 万多人，只要有经费，这个项目是可以持续下去的。

第二，我们有了团队和经验，可以继续实施这样的项目。

第三，从资金的角度，一方面可以继续向汇丰银行申请，也可以向其他关注农民工学上网的资助方提出申请。

第四，我们可以通过这个项目的成功模式，开发新的公益项目。通过大数据的统计，发现 90% 以上学员都在 45 岁以下，后来我们又开发了"新生代农民工绿色网上行"项目，把服务对象年龄降低到 45 岁以下，又向汇丰银行提出申请。汇丰银行同意继续资助，再培训 1 万人，从 2012 年 1 月 1 日到 2012 年 12 月 31 日我们实施了"新生代农民工绿色网上行"项目。

但是汇丰银行也很明确地告诉我们，这期培训结束后不再资助这个项目了，希望我们能从其他渠道获得资金继续开展下去。为了继续得到汇丰银行的资助，我们需要去开发新的项目。因此，在"新生代农民工绿色网上行"项目实施的过程中，我主动与汇丰银行进行沟通联系，了解汇丰银行对新项目的要求。正好 2012 年 6 月汇丰银行慈善基金秘书长黄彬来到上海，在沟通中我了解到一个信息，国家银监会⊖要求所有银行要对消费者进行金融教育，我就去了解汇丰银行是如何做的。我走进汇丰银行的一家支行，看见柜台上放着一些有关些金融知识的小册子。有没有人去拿？拿了以后看不看？看了以后效果如何？都不知道。于是，我们就开发"金融让生活更幸福——万民进城务工者金融知识教育"项目。这个项目不但得到了汇丰银行的认可和 94.3 万元的资助，还得到了国家银监会消费者权益保护局和上海市银监局的肯定和支持。国家银监会消费者权益保护局是这个项目的指导单位，上海市银监局是项目的主办方之一，当时的国家银监会消费者权益局局长和上

⊖　全称中国银行业监督管理委员会，2018 年该部门撤销。

海市银监局局长亲自参加了项目的启动仪式。这样一个由社会组织开发的公益项目，变成了政府、企业、社会组织共同来实施的一个项目，大大提高了项目的社会影响力和知名度。

我们在成功实施"金融让生活更幸福——万名进城务工者金融知识教育"项目的基础上，又先后开发和实施了"老年人金融教育"项目（2014～2015年）、"青少年金融教育"项目（2016年）、"大学生金融教育"项目（2017年），分别得到了汇丰银行114万元、154万元、120万元和125万元的资助，其中一个项目得到了两次资助。

通过"万名农民工绿色网上行"项目的分享，大家可以看到我们在做这个项目之前没有钱，没有场地设施，没有老师，什么都没有。但是我们有创新和创业精神，能够发现需求、开发项目，能整合资源、有效实施项目满足需求。我深深体会到做公益项目，特别是做品牌公益项目，一定要有创新和创业精神。创新和创业精神的实质就是把不可能变成可能。做公益项目的逻辑和创业的逻辑一样，创业者的一个特点就是不受现有资源的限制，不是什么资源都准备好了才去创业的。创业者也是通过发现需求，通过整合利用资源达到满足需求的目的，创业精神的实质就是把不可能变成可能。所以，做社会组织，做公益项目，同样需要创新和创业精神。做项目的逻辑起点不是资金，而是需求。

30 年的公益实践使我深深体会到：在 21 世纪，对任何组织和个人来说，一项极为重要的优势就是整合利用社会资源的能力。这种能力特别重要和宝贵。我们要树立"资源不求为我所有，但求为我所用"的新理念。一个社会组织的资源不仅在当地，而是在全国甚至全世界。市场无限大，看谁能力强，看谁本事大。

要把别人的资源为你所用，这就要求我们有使命，有公信力，有责任感，有很强的执行力，有成果，要能够进行有效的沟通，能够将心比心、换位思考，能够做到合作多赢。因此，做公益项目的过程就是一个学习的过程、提升的过程、成长的过程，不断自我修炼的过程。

九、品牌公益项目的特点

公益项目的类型、服务领域、服务对象、实施方式等各不相同，关于什么是品牌公益项目，也很难有一个统一的标准。一般来说，品牌公益项目有以下几个特点：

第一，项目和机构的使命相一致。因为如果一个机构没有使命，或者使命不清晰，这个项目可能就没有方向。所以一个好的品牌公益项目，一定要跟机构的使命相一致，这样可以更好地通过项目实施达成使命，取得成果。

第二，要能够很清晰、明确地界定要解决的社会问题。一个项目不能够大而全，一定要专注。把要解决的问题明确清晰地加以界定，这样的项目才能有更好的成效。

第三，项目要有明确的服务对象。服务对象不能太宽泛，也不能太多，因为只有明确的服务对象，才能更好地回应服务对象的需求，才能够正确确定项目目标，提供有效的服务，保证项目的成效。

第四，要有成果。也就是说，这个项目实施以后能够满足服务对象的需求，解决他们的问题，给服务对象带来改变和收益。这种改变和收益有的是无形的，有的是有形的，但是一定是服务对象的改变和收益。没有成果的项目不是好项目。

第五，要有创新。品牌公益项目的一个重要特点就是要有自己的创新性。不是同质化的，不是别人做什么我也做什么，而是差异化的。当然，创新必须坚持需求导向、成果导向。创新可以有多种形式、不同表现。通过创新能够更加有效地解决问题，满足客户需求。

第六，能够整合利用社会的资源。因为要想有效地解决问题，满足客户需求，光靠一个机构自己的资源、力量、条件还是很有限的。通过有效整合利用社会资源，可以更好地满足客户需求。同时，在这个过程中也提高了公益项目的影响力。

第七，项目预算合理，财务管理规范。做公益项目是需要成本的，也要讲究性价比，要以最小的成本取得最大的效益。要严格按照预算使用经费，财务管理要规范、透明、安全。

第八，要有良好的社会效应和社会影响力。品牌项目由于很好地解决了社会问题，满足了服务对象的需求，就会产生很好的社会效益。品牌项目会得到领导的表扬和肯定、媒体的宣传报道，受到表彰、获奖。这有助于提高机构的知名度和美誉度，有助于机构获得更多资源，更好地服务社会。

思考题

1. 这一章你学到的知识和重要观点有哪些？对你印象最深的是哪几点？
2. 品牌公益项目有哪些特点？
3. 你和你的机构准备如何打造品牌公益项目？

参 考 文 献

[1] 德鲁克 . 认识管理 [M]. 慈玉鹏，周正霞，译 . 北京：机械工业出版社，2021.

[2] 德鲁克 . 组织生存力：与组织存亡攸关的 5 个问题 [M]. 刘祥亚，译 . 重庆：重庆出版社，2009.

[3] 德鲁克 . 听懂德鲁克：管理、社会和经济的必修课 [M]. 陈召强，张文同，译 . 北京：中华工商联合出版社，2011.

[4] 德鲁克 . 非营利组织的管理 [M]. 吴振阳，等译 . 北京：机械工业出版社，2018.

[5] 德鲁克 . 管理：使命、责任、实务（使命篇）[M]. 王永贵，译 . 北京：机械工业出版社，2006.

[6] 德鲁克 . 创新与企业家精神 [M]. 魏江，陈侠飞，译 . 北京：机械工业出版社，2023.

[7] 马恰列洛 . 卓有成效的领导者：德鲁克 52 周教练指南 [M]. 德鲁克研究室，译 . 北京：机械工业出版社，2016.

[8] 德鲁克 . 管理未来 [M]. 李亚，邓宏图，王璐，等译 . 北京：机械工业出版社，2006.

[9] 德鲁克 .21 世纪的管理挑战 [M]. 朱雁斌，译 . 北京：机械工业

出版社，2020.

[10] 德鲁克.为成果而管理 [M].刘雪慰，徐孝民，译.北京：机械
工业出版社，2024.

[11] 德鲁克.德鲁克演讲实录 [M].汪小雯，张坤，译.北京：机械
工业出版社，2020.

[12] 德鲁克.管理的实践 [M].齐若兰，译.北京：机械工业出版
社，2018.

[13] 德鲁克.管理新现实 [M].吴振阳，等译.北京：机械工业出版
社，2014.

[14] HATRY H. Measuring program outcomes: a practical
approach[Z].1996.

[15] 卢咏.公益筹款 [M].北京：社会科学文献出版社，2014.

[16] 德鲁克.管理 [M].辛弘，译.北京：机械工业出版社，2010.

约翰·科特领导力与变革管理经典

约翰·科特

举世闻名的领导力专家，世界顶级企业领导与变革领域最为权威的发言人。年仅 33 岁即荣任哈佛商学院终身教授，和"竞争战略之父"迈克尔·波特一样，是哈佛历史上此项殊荣的年轻得主。2008 年被《哈佛商业评论》中文官网评为对中国当代商业思想和实践有着广泛影响的 6 位哈佛思想领袖之一。

《总经理》
如何甄选和胜任总经理

高级   耿帅 译

《权力与影响力》
如何提升领导力

中级   李亚 王璐 赵伟 等译

《认同》
赢取支持的艺术

基础   苏军锋 译

个人领导力

大师经典助你应对急剧变化的新世界

变革工具箱

原理   《领导变革》
变革的原理与 8 个步骤
徐中 译

方案   《变革之心》
变革实操落地解决方案与案例
刘祥亚 译

措施   《变革加速器》
快速构建双元驱动敏捷组织成功转型
徐中 译